CN00935784

Die Petrusakten.

Beiträge zu ihrem Verständnis.

Von

Gerhard Ficker.

LEIPZIG.
Verlag von Johann Ambrosius Barth.
1903.

Inhalt.

Corrigenda.

Nachträglich werde ich darauf aufmerksam gemacht, daß *Ἀποτακτῖται*, *Γεμελλῖται*, *Ἐρημῖται* geschrieben werden müsse. Danach ist auf S. 56. 57. 59. 74 zu ändern.

CARL SCHMIDTS neueste Veröffentlichung gibt mir die willkommene Gelegenheit, zu den Petrusakten einige Bemerkungen zu machen. Sie sollten ursprünglich in dem ausführlichen Kommentar zu der Übersetzung dieses so merkwürdigen Stückes der altchristlichen Literatur stehen. Da sich aber der Druck meiner Arbeit seit mehr als anderthalb Jahren immer wieder verzögert und ich auch den Kommentar nicht allzusehr anschwellen lassen möchte, so unterbreite ich an dieser Stelle dem Urteil der Fachgenossen einige Beobachtungen, von denen ich glaube, daß sie den Wert jenes Stückes zu verdeutlichen und ihm seine historische Stellung zuzuweisen geeignet sind.

Es handelt sich um die sogenannten actus Vercellenses, die lateinische Übersetzung eines griechischen Originals, die uns einzig und allein erhalten geblieben ist in der aus dem 7. Jahrhundert stammenden Pergament-Handschrift CVIII. 1. der Kapitelbibliothek zu Vercelli. Daraus ist sie zum ersten Male herausgegeben worden von R. A. LIPSIUS im ersten Bande der Acta apostolorum apocrypha[1]) unter dem Titel: Actus Petri cum Simone.

---

[1]) Leipzig, Mendelssohn, 1891, S. 45—103.

Das Stück erzählt von dem Abschiede des Paulus von
Rom, von der Ankunft des Magiers Simon und der Ver-
wüstung der römischen Christengemeinde durch ihn; von
der Ankunft des Petrus in Rom, seinem siegreichen Kampf
mit dem Magier Simon, von der Wiederaufrichtung der
römischen Gemeinde durch ihn und endlich von seinem
Märtyrertode. Ein ziemlich großes Stück des griechischen
Originales, den Untergang Simons und den Märtyrertod
des Petrus enthaltend, hat uns eine griechische Handschrift
auf dem Athos im Kloster Vatopedi (Nr. 79) aus dem
10./11. Jahrhundert aufbewahrt: eine andere in Patmos
(Nr. 48) aus dem 9. Jahrhundert bringt nur das Martyrium.
Den Text, den die beiden Handschriften bieten, hat Lipsius,
p. 78 bis 102 dem lateinischen gegenübergestellt. Ein Teil
des griechisch erhaltenen Stückes existiert auch in noch anderer als lateinischer Übersetzung. Bei allen diesen Übersetzungen (abgesehen von der lateinischen) handelt es
sich aber nur um das eigentliche Martyrium des Petrus.
Da ich in der orientalischen Literatur nicht sehr bewandert
bin, ist es mir zweifelhaft, ob ich sie, soweit sie bisher
publiziert oder besprochen sind, vollständig nenne: Ein
großes Bruchstück einer koptischen Übersetzung hat zuerst
J. Guidi veröffentlicht in den Rendiconti della R. Acca-
demia dei Lincei 3, 1887, 2, 2, p. 23 ff.; in italienischer
Übersetzung im Giornale della Società asiatica italiana, 2,
1888, p. 29—35. Es beginnt in cap. 4 des griechischen
Textes (Lipsius, p. 84, 24: κἀκεῖνον ζῶντα καύσω) und
reicht bis ziemlich zu Ende (Lipsius, p. 102, 6: ἀπηλλάγη).
Der griechische Text ist verhältnismäßig treu wieder-

gegeben. Die hauptsächlichsten Varianten hat Lipsius
im kritischen Apparat zu dem griechischen Texte ver-
zeichnet. Das von O. v. LEMM im Bulletin de l'Académie
impériale des sciences de St. Pétersbourg, Nouvelle série
III (XXXV) 1894, p. 240—284 veröffentlichte koptische
Stück beginnt erst in cap. 7 des griechischen Textes
(LIPSIUS, p. 90, 12: ἄνδρες οἱ ἐπὶ Χριστὸν ἐλπίζοντες)
und reicht ebenso weit, wie der von GUIDI veröffentlichte
Text. Die äthiopische Version ist in englischer Übersetzung von S. C. MALAN veröffentlicht (The conflicts of
the holy Apostles, London 1871, p. 1—10). Sie beginnt
mit cap. 4 des griechischen Textes (LIPSIUS, p. 84, 11),
also ebendort, wo die Patmos-Handschrift ihren Anfang
nimmt. Sie ist aus dem Arabischen geflossen, und das
Arabische seinerseits aus dem Koptischen (LIPSIUS, p. LV.)
Eine armenische Übersetzung hat P. VETTER mit Rück-
übersetzung in das Griechische, resp. Lateinische veröffentlicht in der von BAUMSTARK herausgegebenen Zeitschrift Oriens christianus 1, 1901, p. 217—239, vergl.
p. 168—170. 426. 427. Sie beginnt (wie die äthiopische)
mit cap. 4 des griechischen Textes (LIPSIUS, p. 84, 11).
Zur Verbesserung des griechischen Textes scheint sie uns
nichts beizutragen. Was die syrische Übersetzung der
Petrusakten anbetrifft, so beschränkt sich diese, wie die
koptische und armenische auf das Martyrium, und scheint
auf den griechischen Text zurückzugehen. Anklänge an
andere Stücke der actus Vercellenses scheinen in der
syrischen Literatur noch sonst vorhanden zu sein, aber
sie berechtigen nicht dazu anzunehmen, daß eine voll-

ständige Übersetzung von ihnen existiert habe. Das hat
erst neuerdings A. BAUMSTARK, in seiner Schrift: Die
Petrus- und Paulusakten in der literarischen Überlieferung
der syrischen Kirche, [1]) deutlich gezeigt. In syrischer
Sprache ist dieses Stück abgedruckt in Bedjan, Acta martyrum et sanctorum I, pp. 19—33. [2]) Endlich existiert
noch eine kirchenslavische Übersetzung des Martyrium
Petri. Sie stimmt im wesentlichen zusammen mit dem
griechischen Texte der Patmischen Handschrift. Varianten
hat schon LIPSIUS in seiner Ausgabe im kritischen Apparate
notiert. Auch sie beginnt mit cap. 4 des griechischen
Textes. [3]) Die deutsche Übersetzung eines sehr sonder-
baren kirchenslavischen Stückes hat kürzlich J. FRANKO
veröffentlicht. [4]) Es wird bezeichnet als „Umzüge Petri",
genauer „Umgänge Petri nach der Himmelfahrt des
Herrn, wo man Christum als Kind verkauft hat", oder
auch „das Leben Petri, worin auch Fische auf dem
Trockenen gegangen sind, ein Häretiker hat es geschrieben."
Mit den actus Vercellenses hat es nichts gemein; man
könnte höchstens bei der Scene auf dem Schiffe daran
denken, daß hier eine Anlehnung an cap. 5 der actus
Vercellenses vorliegt. Ganz unmöglich erscheint es mir
anzunehmen, daß das kirchenslavische Stück ursprüng-
lichere Züge aufweisen solle, als die actus. Erwartungen,

---

[1]) Leipzig, 1902, S. 60. vgl. dazu P. Peeters, in den Analecta
Bollandiana, 21, 1902, p. 121—140.
[2]) Vgl. dazu J. Guidi in der Zeitschrift der deutschen morgen-
ländischen Gesellschaft 46, 1892, S. 744—758.
[3]) Lipsius, p. 84. vgl. p. LIV.
[4]) Zeitschrift für neutestamentliche Wissenschaft, 3, 315 ff.

die wir auf alte Übersetzungen für bessere Kenntnis der
Petrusakten gesetzt hatten, sind bisher nicht erfüllt worden,
und auch die neueste Publikation hat uns im Grunde genommen, nicht weiter geführt. Jüngst hat nämlich C.
SCHMIDT eine von ihm aufgefundene *Πρᾶξις Πέτρου* in
koptischer Sprache mit deutscher Übersetzung herausgegeben.[1]) Sie handelt von der paralytischen Tochter
des Petrus und gibt Antwort auf die Frage, warum Petrus,
der so viele gesund mache, seiner eigenen Tochter
die Heilung nicht zu teil werden lasse. Um zu zeigen,
daß Gott nicht machtlos sei, läßt Petrus seine Tochter
für eine Weile gesund werden, versetzt sie aber sogleich
wieder in ihren alten Zustand zurück, weil es ihr und
ihm so dienlich sei. Er erklärt sodann, warum sie habe
paralytisch werden müssen. Offenbar versetzt uns diese
Erzählung in einen Kreis von Anschauungen, die sich
um den Satz gruppieren, daß, wer Christ geworden wäre,
sich nun auch der körperlichen Gesundheit erfreuen müsse.
Die Erfahrung zeigte aber, daß doch auch Christen krank
sein und bleiben könnten. Demgegenüber mußte darauf
aufmerksam gemacht werden, daß es für den Christen gar
nicht auf die Gesundheit des Leibes, sondern auf die
Gesundheit der Seele ankomme. Es mag lange Zeit ge-
währt haben, ehe sich dieser für uns so selbstverständ-
liche Satz einer allgemeinen Gültigkeit unter den Christen

[1]) Die alten Petrusakten im Zusammenhang der apokryphen
Apostelliteratur nebst einem neuentdeckten Fragment untersucht von
CARL SCHMIDT, Leipzig, HINRICHS, 1903 (Texte und Untersuchungen,
24, NF. 9, 1. Heft).

erfreute, zumal da die Erzählungen von den Wunder-
heilungen ein nicht zu verachtendes Mittel der christlichen
Propaganda waren. In den Widerstreit der Gedanken
über die leibliche und geistliche Heilung, die die Kraft
Christi ausübte, versetzt uns diese Erzählung ebenso gut,
wie die Erzählungen der „actus Vercellenses". Das ist
aber nicht der einzige Grund, sie mit ihnen zusammen-
zustellen. Es sollen die Ähnlichkeiten, die C. Schmidt
zur Annahme der Identität der Verfasser geführt haben,[1]
hier nicht noch einmal aufgezählt werden. Wichtig ist,
daß die Unterschrift in der koptischen Handschrift lautet:
Πρᾶξις Πέτρου, und daß auch Augustin von apokryphen,
im Gebrauche der Manichäer befindlichen Büchern berichtet, daß in ihnen erzählt worden sei, die Tochter des
Petrus wäre auf die Bitte ihres Vaters hin paralytisch geworden.[2] Leider nennt Augustin den Titel der Schrift,
in der diese Erzählung stand, nicht; und in der koptischen
Erzählung hat die Handschrift gerade dort eine Lücke,
wo wir die Bitte des Vaters an Gott, seine Tochter paralytisch zu machen, erwarten. Darum können wir auch
nicht mit absoluter Sicherheit den Beweis führen, daß die
von Augustin gemeinte Schrift Πράξεις Πέτρου oder Actus
(Acta) Petri betitelt gewesen wäre, wenn wir auch nicht
leugnen möchten, daß die von Augustin erwähnte Erzählung mit der koptischen Πρᾶξις Πέτρου identisch sei.

[1] S. 23 ff.
[2] Augustin, contra Adimantu mManichaeum 17, 5, bei Schmidt
S. 14; vgl. auch die Sammlung Augustinischer Stellen in Harnacks
Geschichte der altchristlichen Literatur I, S. 117 ff.

Die Möglichkeit bleibt bestehen, daß unsere Erzählung in einer apokryphen Apostelgeschichte stand, die nicht den Namen des Petrus trug. Über die andere Geschichte, die Augustin erwähnt, — die Tochter eines Gärtners sei auf die Bitte des Petrus gestorben, — können wir nichts sagen. Nach C. SCHMIDT hat sie ebenfalls in den alten Πράξεις Πέτρου gestanden, von denen die actus Vercellenses nur ein Teil sind. Mir will es immer noch am wahrscheinlichsten vorkommen, daß die actus Vercellenses, wie sie uns vorliegen, gedacht sind als Fortsetzung und Ergänzung unserer kanonischen Apostelgeschichte und zwar in unmittelbarem Anschluß an sie. Dann wäre jedenfalls in ihrem Anfange für solche Erzählungen, wie sie Augustin erwähnt, kein Platz. Aber beweisen läßt sich diese Annahme schwerlich, ehe nicht neues Material aufgefunden wird. Man könnte daran denken, daß auch dem Verfasser des Muratorischen Fragments diese Vorstellung plausibel erschienen ist, wenn er Zeile 37—39 schreibt in unmittelbarem Anschluß an seine Erwähnung der kanonischen Apostelgeschichte: sicuti et semote passionem Petri euidenter declarat sed et profectionem Pauli ab urbe ad Spaniam proficescentis.[1] Aber es ist noch nicht genügend sichergestellt, daß er hier unsere actus Vercellenses meine, wenn man auch schwerlich eine Schrift wird ausfindig machen können, in der von Petri Märtyrertod, von der Reise des Paulus nach Spanien und nicht von seinem Märtyrertod die Rede ist. Es ist nämlich kein Grund

---

[1] Vgl. auch SCHMIDT, S. 105.

einzusehen, warum er Pauli Märtyrertod nicht erwähnt,
wenn er wirklich ihn in der ihm vorliegenden Schrift fand,
da er ja doch Petri Märtyrertod erwähnt. Diese Cha-
rakteristik trifft nur auf die actus Vercellenses zu. Schließen
sich aber diese unmittelbar an die kanonische Apostelgeschichte an, so ist in ihnen für Erzählungen von Er-
lebnissen Petri in Jerusalem — die Geschichte mit der
paralytischen Tochter soll nach C. SCHMIDT in Jerusalem
spielen — nur Raum in der Form des Referats. Da die
koptische Erzählung diese Form nicht hat, so könnte sie
darum nicht zu den actus Vercellenses gehören. Dann
müßten wir annehmen, es hätte noch von diesen geson-
derte Πράξεις Πέτρου gegeben, und es hat an einigen
Stellen der actus Vercellenses den Anschein, als benutzten
sie Erzählungen, die auf einen solchen Titel Anspruch
erheben könnten (vgl. u. a. die Geschichte mit der Eubula,
cap. 17). Aber von einer in dieser Richtung sich be-
wegenden Untersuchung nehmen wir hier Abstand, weil
wir glauben, daß sie nicht zu einem gesicherten Resultate
führen kann. Wir haben die Absicht, auf platonische
Elemente in den actus Vercellenses aufmerksam zu machen;
dann über den Ort der Abfassung zu handeln; drittens
auf einige Zeugnisse der Literatur für ihre Benutzung
hinzuweisen und endlich einige Bemerkungen über Worte
des Magiers Simon beizufügen. Es können ja nicht alle
Fragen sich erledigen, die durch sie aufgeworfen werden;
aber zur Erledigung einiger Fragen hoffen wir Beiträge
zu liefern.

I. Spuren von Platonismus.

Selten liegen ·in einem Werke der altchristlichen Literatur die Spuren der philosophischen Schule so klar zu Tage wie in den actus Vercellenses. Am deutlichsten wird man sie gewahr in den sogenannten Kreuzgebeten (cap. 37—39, griechischer Text cap. 8—10). Petrus zum Tode geführt und ans Kreuz gehängt, erklärt das Geheimnis des Kreuzes. Er variiert in spezieller Beziehung auf seinen Kreuzestod den erhabenen Gedanken des Römerbriefes (8, 18), daß die Leiden der Gegenwart nichts wert sind gegen die Herrlichkeit, die sich künftig an uns offenbaren soll, und den anderen nicht minder erhabenen, daß das Kreuz Christi den Wendepunkt der Zeiten bedeute, die neue Schöpfung, die die durch Adams Fall verkehrte alte wieder in die richtige Lage bringe. Darum läßt er sich verkehrt kreuzigen, um ein Abbild des ersten, nämlich des gefallenen Menschen zu sein, damit Christi Kreuzestod in seiner wahren Bedeutung erkannt werden könne. Er sagt es selbst (c. 8), das seiner Seele so lange verschlossene Geheimnis sei die Erkenntnis, daß das Leiden nur etwas äußerliches sei, was die Seele nicht

berühre; und erst so könne das, was mit Christus geschehen und das ganze Geheimnis des Heiles erkannt
werden. In dieser Schätzung des Leidens sieht er hier
eine Hauptsache des Christentums; hat also das Geheimnis
des Kreuzestodes Christi in einer wahrhaft christlichen
Weise gelöst. Damit sucht er nun freilich in einer uns
etwas sonderbar vorkommenden Weise die Bezeichnung
λόγος für Christus zu verbinden; Christus ist das ausge-
breitete Wort; der Grieche konnte ὁ τεταμένος λόγος
auch von dem am Kreuze die Arme ausbreitenden Christus
verstehen. Petrus beruft sich noch auf ein Prophetenwort: περὶ οὗ (Christus) τὸ πνεῦμα λέγει· Τί γάρ
ἐστιν Χριστὸς ἀλλ’ ὁ λόγος, ἦχος τοῦ θεοῦ; und erklärt
nun diesen Satz: das aufrechtstehende Holz sei der λόγος;
das Querholz der ἦχος, „ἀνθρώπου φύσις“; der zu-
sammenhaltende Nagel die Umkehr und die Sinnesände-
rung des Menschen. Der Prophetenspruch ist für einen
Propheten zu verständlich; am Ende des 2. Jahrhunderts
und besonders in Kleinasien, brauchte sich niemand auf
„τὸ πνεῦμα“ zu berufen, um Christus als λόγος zu bezeichnen. Statt Christus ist σταυρός zu lesen, wie auch
die von LIPSIUS in der Anmerkung angeführte koptische
Übersetzung richtig bewahrt hat.[1]) So haben wir es mit
einer einfachen Spielerei zu tun, und wenn C. SCHMIDT
offenbar mit Bezugnahme auf die Kreuzgebete über das
Christentum der actus Vercellenses urteilt: das Kreuz ist

---

[1]) S. 96. Die Übersetzung des koptischen Textes stammt von
J. GUIDI und ist veröffentlicht im Giornale della Società Asiatica
Italiana II, 1888, p. 29 ff., die obigen Worte auf p. 33.

bereits zum Mysterium geworden,[1]) so trifft dieses Urteil
höchstens das hier angeführte Prophetenwort. Übrigens
ist mir C. SCHMIDTs Satz unverständlich: wann ist denn
das Kreuz nicht als Mysterium angesehen worden? Sobald
man sich Gedanken über die Gottheit Christi machte,
war sein Kreuzestod gar nicht anders denn als Geheimnis
zu betrachten. Man lese z. B. Justins dialogus cum
Tryphone, um sich über diese Betrachtungsweise zu unter-
richten. Der Unterschied ist nur der, daß JUSTIN die
Lösung darin findet, daß der Kreuzestod im Alten Testa-
mente geweissagt ist, während der Verfasser der actus
Vercellenses Gedanken ausspricht, wie wir sie etwa auch
bei ORIGENES antreffen. In diesen Kreuzgebeten findet
man viele platonische Ausdrücke; man kann wohl sagen,
die Form, in der der Verfasser seine christlichen Gedanken
vorbringt, ist ganz platonisch. Wenn wir einen Satz
lesen, wie den folgenden [2]): γινώσκετε τῆς ἁπάσης φύσεως
τὸ μυστήριον καὶ τὴν τῶν πάντων ἀρχὴν ἥτις γέγονεν.
Ὁ γὰρ πρῶτος ἄνθρωπος, οὗ γένος ἐν εἴδει ἔχω ἐγώ,
κατὰ κεφαλὴν ἐνεχθεὶς ἔδειξεν γένεσιν τὴν οὐκ οὖσαν
πάλαι. νεκρὰ γὰρ ἦν αὐτὴ μὴ κίνησιν ἔχουσα; oder: τὸ
πᾶν τοῦτο τῆς διακοσμήσεως συνεστήσατο, so fällt un-
verkennbar die Benutzung platonischer termini auf. Die
Aufforderung Petri an seine Zuhörer [3]): παντὸς αἰσθητηρίου (vielleicht ist besser mit LIPSIUS αἰσθητοῦ zu lesen)
χωρίσατε τὰς ἑαυτῶν ψυχάς, παντὸς φαινομένου, μὴ

[1]) S. 159 Anm.; vgl. S. 97 f.
[2]) cap. 9 des griechischen Textes; LIPSIUS, p. 94.
[3]) cap. 8; LIPSIUS, p. 92.

ὄντος ἀχηθοῦς könnte ebensogut von einem Platoniker des zweiten Jahrhunderts ausgesprochen sein
wie von einem christlichen Schriftsteller. Von Jesus
Christus, dem λόγος, wird gesagt [1]: σὺ καὶ μόνῳ πνεύματι
νοητός; ein Platoniker konnte von seinem Gott dasselbe
sagen. Wir würden dasselbe zu bemerken haben, wenn
wir den Gottesbegriff der actus Vercellenses genauer untersuchen wollten. Die Überweltlichkeit Gottes, von dem
nichts ausgesagt werden kann (deus numinis inenarrabilis) [2],
das von allem irdischen Licht verschiedene göttliche Licht,
das die körperlichen Augen nicht, aber wohl die Augen
der Seele vertragen können [3] (lumen inenarrabile, inuisibile,
quod enarrare nemo hominum possit), erinnert lebhaft an
Aussagen, wie wir sie etwa bei PLOTIN, dem Neuplato-
niker, antreffen. Das Bild des Lichtes ist von diesem
ungemein häufig angewendet worden, um von der Gottheit
eine Vorstellung zu geben. Man kann wohl sagen, daß
in den actus Vercellenses das Wesen der Gottheit als
Licht bezeichnet werden soll. Wie der Teufel schwarz
vorgestellt wird (vgl. die Aethiopissa tota nigra [4]), so wird
das Göttliche immer strahlend, leuchtend gedacht. Es
ist nicht richtig, wenn man diese Betrachtungsweise nur
auf das Alte Testament zurückführt. Mir scheint es auch,
als ob für das Verhältnis Christi zur Gottheit, wie es in
unsern actus gedacht wird, die philosophischen Gedanken

---

[1] cap. 10; LIPSIUS, p. 98.
[2] cap. 2 des lateinischen Textes; LIPSIUS, p. 47.
[3] cap. 21 des lateinischen Textes, LIPSIUS, p. 68. 69.
[4] cap. 22 des lateinischen Textes, LIPSIUS, p. 70.

des zweiten Jahrhunderts nicht ohne Bedeutung seien. Ich möchte nur auf ein Wort des NUMENIUS, der mehr Platoniker als Pythagoreer ist, aufmerksam machen. Er schreibt: *Εἰσὶ δ'οὗτοι βίοι, ὁ μὲν πρώτου, ὁ δὲ δευτέρου θεοῦ. Δηλονότι ὁ μὲν πρῶτος θεὸς ἔσται ἑστώς, ὁ δὲ δεύτερος ἔμπαλίν ἐστι κινούμενος, Ὁ μὲν οὖν πρῶτος περὶ τὰ νοητὰ, ὁ δὲ δεύτερος περὶ τὰ νοητὰ καὶ αἰσθητά. Μὴ θαυμάσῃς δ' εἰ τοῦτ' ἔφην, πολὺ γὰρ ἔτι θαυμαστότερον ἀκούσῃ. Ἀντὶ γὰρ τῆς προςούσης τῷ δευτέρῳ κινήσεως τὴν προςοῦσαν τῷ πρώτῳ στάσιν φημὶ εἶναι κίνησιν σύμφυτον, ἀφ'ἧς ἥ τε τάξις τοῦ κόσμου, καὶ ἡ μονὴ ἡ ἀΐδιος, καὶ ἡ σωτηρία ἀναχεῖται εἰς τὰ ὅλα.* Man wird in dem θεὸς ἑστώς und θεὸς κινούμενος unschwer Analogien entdecken können zu dem deus numinis inenarrabilis und der Bezeichnung Christi als deus vivus, wie er den Petrusakten geläufig ist.[2]) Man wird annehmen dürfen, daß der philosophische Gottesbegriff bereits von dem christlichen beeinflußt worden ist; aber diese Beeinflussung wäre unmöglich, wenn er nicht die Anknüpfungspunkte dazu in sich getragen hätte und dem christlichen entgegengekommen wäre. Es verlohnte sich wirklich, die Ausgestaltungen des christlichen Gottesbegriffs im zweiten Jahrhundert im einzelnen darzustellen, aber immer im Hinblick auf die Anschauungen der Philosophen und überhaupt der Gebildeten jener Zeit. Für den Kampf um den Gottesbegriff scheint mir das

---

[1]) Bei EUSEBIUS, praeparatio evangelica XI, 18. ed. Th. GAISFORD, III, p. 69 f.

[2]) Darüber C. SCHMIDT, a. a. O. S. 91.

zweite Jahrhundert besonders bedeutsam. An einer anderen Stelle freilich scheint die stoische Auffassung durchzublicken. Petrus sagt von Jesus Christus, dem λόγος [1]: σὺ τὸ πᾶν καὶ τὸ πᾶν ἐν σοί· καὶ τὸ ὄν σύ, καὶ οὐκ ἔστιν ἄλλο ὃ ἔστιν εἰ μὴ μόνος σύ. Zu diesen Worten würde die stoische Vorstellung von der Weltseele ausgezeichnet passen. Vielleicht lassen sich auch Anklänge an die Denkweise der Pythagoreer entdecken. Bei ihnen spielte das „Schweigen" eine große Rolle. In den actus dankt Petrus dem λόγος mit folgenden Worten: nicht mit diesen Lippen, die angenagelt sind, danke ich dir, noch mit der Zunge, durch welche Wahrheit und Lüge hervorgeht, noch mit diesem Worte, das von der Kunst irdischer Natur hervorgebracht wird, sondern mit jener Stimme danke ich dir, die durch Schweigen vernommen wird, ... mit dem Schweigen der Stimme, der der Geist in mir ... entgegenkommt.[2]) Die Schüler, die fünf Jahre lang schweigen mußten, wurden bei den Pythagoreern die „Hörenden" genannt.[3]) Die Leute, die Petrus in seinen Kreuzreden anspricht, werden von ihm auch οἱ ἀκούοντες genannt: vgl. cap. 9 des griechischen Textes: Ἄνδρες, οἷς ἐστιν ἴδιον τὸ ἀκούειν; p. 94; οἱ νῦν ἀκούοντες καὶ

---

[1]) cap. 10 des griechischen Textes; LIPSIUS, p. 98.

[2]) cap. 10 des griechischen Textes; LIPSIUS, p. 97.

[3]) Vgl. ZELLER, die Philosophie der Griechen I⁵, S. 315. 316 Anmerk. Wenigstens nach GELLIUS heißt die eine Klasse der Pythagoreer ἀκουστικοί. Es sind die Novizen. Die Christen, zu denen Petrus redet, sind in den Petrusakten auch sonst als Neulinge im Christentum gedacht. Vgl. cap. VII, LIPSIUS, p. 54. Petrus entschuldigt ihren Abfall damit, daß sie neofyti sind.

οἱ μέλλοντες ἀκούειν, p. 96; cap. 8: τοῖς ἀκούουσιν ἐρῶ.
Wären diese Beobachtungen richtig und könnten wir in
unseren actus Anklänge an platonische, stoische, pythago-
reische Denkweise konstatieren, so wären sie uns ein
vorzügliches Mittel, uns zu versetzen in das Durcheinander-
wogen der philosophischen Denkweisen des zweiten Jahrhunderts. Das war eine Folge des Zustandes, über den
LUCIAN spottet: man wisse wegen der Mannigfaltigkeit
und Verschiedenheit der philosophischen Systeme ja gar
nicht, für welches man sich entscheiden solle.[1]) Aber er
läßt zu gleicher Zeit auch Zeus darüber klagen, daß jetzt
alles philosophiert; daß Schuster und Zimmergesellen jetzt
plötzlich zu Philosophen werden.[2]) Stand es so im zweiten
Jahrhundert, so braucht es uns nicht wunder zu nehmen,
wenn wir auch bei einem christlichen Schriftsteller die
Herübernahme einiger philosophischer termini beobachten,
ohne daß er doch ihren Sinn richtig getroffen hat. In
der Tat läßt es sich unschwer nachweisen, daß der Verfasser der actus Vercellenses in den Sinn der Philosophen,
deren Worte er sich angeeignet hat, nicht eingedrungen
ist. Ein geschulter Philosoph mochte ärgerlich werden,
wenn er christliche Theologen so reden hörte, und ihnen
wie CELSUS den Rat erteilen: Wenn ihr aber diese Dinge
nicht verstehen könnet, so haltet den Mund; verhüllet
eure Unwissenheit und saget nicht, daß die blind sind,

---

[1]) Im Hermotimos ἢ περὶ αἱρέσεων: Lucianus rec. J. SOMMER-
BRODT I, 2, p. 115 ff. oder auch im δὶς κατηγορούμενος; ed. SOMMER-
BRODT III, p. 1 ff.

[2]) δὶς κατηγορούμενος, cap. 6. ed. SOMMERBRODT, III, p. 4.

welche sehen, und jene lahm, welche laufen, da ihr selbst an der Seele gänzlich gelähmt und verstümmelt seid und nur mit dem Leibe, das ist mit dem toten Teile eures Wesens lebet.[1])

Mit dem Platonismus des Verfassers der actus Vercellenses scheint mir auch seine Stellung zur Magie am besten in Einklang gebracht werden zu können. Es darf natürlich nicht verkannt werden, daß auch andere als platonisch Gesinnte die magische Wirksamkeit für höchst real hielten; aber im Platonismus selbst liegen die Ursachen dafür, daß seine Anhänger dem Wunder- und Aberglauben am wenigsten Widerstand leisten konnten. Wäre dem nicht so, so hätte sich der Neuplatonismus niemals zu dem Schützer der Superstitionen des Volkes entwickeln können.

Es bedarf keines besonderen Beweises, daß der Simon der actus Vercellenses mit Zügen ausgestattet ist, die neutestamentliche Schriften dem Antichristen geben. Besonders 2. Thess. 2, 1—11 ist hier zu vergleichen.[2]) Nicht sowohl als Widerspiel Petri, der ihn bekämpft, ist er aufgefaßt; sondern als Widerspiel Christi. Dahin zielt die Rede, mit der ihn Leute in Aricia begrüßen: Tu es in Italia deus, tu Romanorum saluator[3]); dahin auch die Frage der Römer, denen von ihm berichtet

---

[1]) Origenes contra Celsum VII 45. (Übersetzung von Röhm.)
[2]) Dazu sind die lehrreichen Ausführungen des Celsus und des Origenes in Origenes, contra Celsum VI, 42—46 zu vergleichen.
[3]) cap. 4; Lipsius p. 48.

worden ist: Numquid ipse est Christus?[1] Er selber nennt
sich freilich nicht Christus, sondern die magna uirtus dei [2];
er sagt, nachdem die Römer von ihm abgefallen sind:
ἀναπτήξομαι πρὸς τὸν θεόν, οὗ ἡ δύναμις ἐγώ εἰμι
ἀσθενήσασα.[3] Hier bezeichnet er sich auch im Gegensatz zu den gefallenen Römern als den Stehenden, nennt
Gott seinen Vater und sich seinen stehenden Sohn.[4] Zu
dieser Charakterisieruug als Antichrist paßt es, wenn er
die Gottheit Christi bekämpft.[5] Er nennt Christus den
Sohn eines Zimmermanns und selbst Zimmermann; er
frägt die Römer: Wird ein Gott geboren? Wird er gekreuzigt? Als Antichrist muß er auch Wunder tun [6] und
wird darum auch ὁ μάγος genannt.[7] „magico carmine"
zerstört er die römische Gemeinde.[8] Der Verfasser meint
freilich, weil er sich als Magier, d. h. als Schwindler erwiesen hat, hätten seine Wundertaten keine Bedeutung.
Aber er glaubt doch an sie. Daß Simon über die Stadt-
mauer von Rom fliegt [9]; daß er über die Tempel und
Berge der Stadt Rom getragen wird [10]), erzählt er allem
Anscheine nach als historische Tatsachen. Aber seine

---

[1] ebenda. Vgl. Matth. 24, 5.
[2] cap. 4; LIPSIUS, p. 48.
[3] cap. 2 des griechischen Textes; LIPSIUS, p. 80.
[4] ebenda; LIPSIUS, p. 80 u. 82.
[5] cap. 23; LIPSIUS, p. 71.
[6] 2. Thess. 2. 9, vgl. Mark. 13, 22.
[7] cap. 5; LIPSIUS, p. 49. cap. 2 des griechischen Textes;
LIPSIUS, p. 80.
[8] cap. 6; LIPSIUS, p. 51.
[9] cap. 4; LIPSIUS, p. 49.
[10] cap. 3 des griechischen Textes, LIPSIUS, p. 82.

Krankenheilungen und Totenerweckungen bemängelt er:
διεληλεγμένου αὐτοῦ διὰ πολλῶν ἐπὶ μαγίᾳ, καὶ χωλοὺς
ἐποίησεν φαίνεσθαι ὑγιεῖς πρὸς βραχὺ καὶ τυφλοὺς
ὁμοίως, καὶ νεκροὺς ἅπαξ πολλοὺς ἔδοξε ζωοποιεῖν καὶ
κινεῖσθαι.[1]) Daß Simon Gespenster in die Speisezimmer
kommen läßt, gesteht er zu, aber er nennt sie φαινόμενα
μόνον, οὐκ ὄντα δὲ ἀληθῶς. Demgegenüber erscheint
Petrus als der, der Simon in jedem Stücke in der Kraft
Christi schlägt; zwar Gespenster läßt er nicht erscheinen,
aber auf sein Gebet erscheint Christus in göttlichem
Lichtglanz.[2]) Petrus fliegt auch nicht, wie Simon durch
die Luft; aber auf sein Gebet hin stürzt der fliegende
Simon wenigstens aus der Luft herab.[3]) Seine Krankenheilungen und Totenerweckungen werden als wirkliche
vorgestellt. Ja er erweckt einen Toten, den Simon nur
bis zur Bewegung des Kopfes und Öffnung der Augen
gebracht hatte und ruft den Römern triumphierend zu:
Sic mortui resuscitantur, sic confabulantur, sic ambulant
resurgentes.[4]) Schon vorher war eine Probe gemacht
worden, um zu zeigen, daß Simon wohl die Kraft besäße
zu töten, während Petrus die Kraft besäße, lebendig zu
machen.[5]) Es könnte scheinen, als ob der Verfasser der
Petrusakten Simon wunderwirkende Kräfte abspräche;
aber es scheint nur so. In Wirklichkeit ist zwischen dem

---

[1]) cap. 2 des griechischen Textes, LIPSIUS, p. 80.
[2]) cap. 21; LIPSIUS, p. 68. 69.
[3]) cap. 3 des griechischen Textes; LIPSIUS, p. 82.
[4]) cap. 28; LIPSIUS, p. 74 ff.
[5]) cap. 25. 26; LIPSIUS p. 72. 73.

Magier Simon und dem Wundertäter Petrus nur ein
gradueller Unterschied, und auch Petrus wäre von Männern
wie Celsus und Lucian einfach zu den Magiern und Goëten
gerechnet worden. Wir werden ihnen in dieser Beurteilung
recht geben müssen. Der Petrus, wie ihn die actus Vercellenses als Wundertäter zeichnen, ist nichts anderes als
ein Magier des zweiten Jahrhunderts. Die tollsten Wunder,
die von ihm vollbracht werden, sind folgende: Er schickt
einen großen Hund zu Simon; der Hund redet mit
menschlicher Stimme und spricht auch noch mehr zu
Simon, als ihm Petrus aufgetragen hatte.[1]) Er läßt einen
getrockneten Thunfisch wieder lebendig werden und
schwimmen.[2]) Er läßt endlich einen siebenmonatlichen
Säugling mit männlicher Stimme Simon eine Strafpredigt
halten.[3]) Diese Wunder sollen alle dazu dienen, den
Glauben an Christus hervorzubringen. Eine solche Ver-
irrung der Phantasie ist uns heute durchaus unverständlich,
zumal in einem Schriftstück, das wahre Begebenheiten berichten will. Wir sind in den meisten Fällen nicht im-
stande, sie genügend zu erklären. Der redende Hund
mag sein Vorbild in Bileams Eselin haben. Ein Hund
ist gewählt, weil Petrus an der Tür des von Simon be-
wohnten Hauses steht, und ein Hund als Türhüter wohl
bei keinem größeren Hause fehlte. Denkbar wäre auch
eine Beziehung auf die Cyniker; sie wurden auch als
„Hunde" bezeichnet. Der mit männlicher Stimme redende

---

[1]) cap. 9; LIPSIUS, p. 56. 57. cap. 11 p. 59.
[2]) cap. 13; LIPSIUS, p. 60. 61.
[3]) cap. 15; LIPSIUS, p. 61. 62.

Säugling verdankt seine Entstehung der Materialisierung des Herrenworts Matth. 11, 25; Luk. 10, 21; und zwar wie es scheint jener Form dieses Wortes, wie sie die pseudoclementinischen Homilien und zwar diese allein (im Anschluß an Ps. 8, 3), bieten: ἀπεκάλυψας αὐτὰ νηπίοις Θηλάζουσιν.[1]) Welche Bewandtnis es mit dem geräucherten Thunfisch hat, ist unaufgeklärt. Vielleicht ist er nur gewählt als beste Illustration zu dem Satze, daß bei Gott kein Ding unmöglich ist. Es ist grausig, die Beobachtung zu machen, daß solche Geschichten dem Volksgeschmack entsprochen haben müssen. Um so kostbarer sind die Zeugnisse, die wir dafür haben. Nicht nur Commodian (ca. 250) in seinem Carmen apologeticum hat die redenden Tiere und den redenden Säugling als Zeugnisse für Gottes Wundermacht angeführt[2]); auf altchristlichen Sarkophagen des fünften Jahrhunderts kommt mehrmals die Darstellung Simons mit dem Hunde vor.[3])

Daß man im zweiten Jahrhundert solche Taschenspielerkünste von den Magiern erwartete, lehrt z. B. die ergötzliche Erzählung LUCIANS von der Schlange Alexanders von Abonuteichos. Alexander verstand es, die Orakelsuchenden derart zu täuschen, daß sie glaubten, die χρησμοὶ αὐτόφωνοι würden von der Schlange, der Ver-

---

[1]) VIII, 6. XVIII, 15 (Migne Patrologia Graeca 2, 229 A. 416 C) vgl. RESCH, Außerkanonische Paralleltexte zu den Evangelien, 3. Heft; Texte und Untersuchungen X, 2, S. 196—199.

[2]) vv. 623—630, ed. DOMBART. Die Verse sind auch besprochen von C. SCHMIDT, a. a. O., S. 106 f.

[3]) Die Nachweise dafür in unserm Kommentar zu den Petrusakten.

körperung Äskulaps, gesprochen.[1]) Aber auch nützlichere
Tätigkeiten traute man den Magiern zu. ALEXANDER von
Abonuteichos, so berichtet uns LUCIAN, verstand sein Ge-
schäft ganz außerordentlich gut. Als er sich in seiner
Vaterstadt inmitten der abergläubischen Paphlagonier nieder-
gelassen hatte, sorgte er alsbald dafür, daß sein Ruhm
unter die Leute käme. Er schickte Männer aus, die über
sein Orakel berichten sollten: ὡς προείποι λοιμούς
καὶ ἀνεύροι δραπέτας καὶ κλέπτας καὶ λῃστὰς ἐξελέγξειε
καὶ θησαυροὺς ἀνορύξαι παράσχοι καὶ νοσοῦντας
ἰάσαιτο, ἐνίους δὲ καὶ ἤδη ἀποθανόντας ἀναστήσειε.[2])
Fast jeder Zug dieses Bildes trifft zu auf den Petrus
unserer actus Vercellenses. Zwar sagt er nicht gerade
eine Pest voraus; aber es wird doch auch ihm die Zu-
kunft im Gesichte offenbart.[3]) Daß er Kranke gesund
macht und Tote auferweckt, brauchen wir nicht erst zu
belegen. Von größtem Interesse ist es, daß er, wie er
selbst erzählt, der vornehmen Eubula zur Entdeckung der
Diebe verhilft, die ihr auf Simons Veranlassung alles
Gold gestohlen hatten.[4]) So wird es erklärlich, daß
LUCIAN Christus gar nicht anders bezeichnen konnte, wie
als Magier[5]), wenn anders an dieser Stelle μάγον statt
μέγαν zu lesen ist. Man wende nicht ein, daß LUCIAN
neben den Epikureern und gebildeten Städtern auch die

[1] LUCIAN, ALEXANDER c. 26. ed. SOMMERBRODT, II, 1, S. 114.
[2]) cap. 24, ed. SOMMERBRODT, II, 1, p. 113.
[3]) cap. 16; LIPSIUS, p. 62.
[4]) cap. 17; LIPSIUS, p. 62 ff.
[5]) Peregrinus Proteus cap. 11

Christen als die erbittertsten Feinde der Wundertaten des
Alexander nennt. Alexander fordert das Volk auf, sie
zu steinigen.[1]) Man darf nicht annehmen, daß LUCIAN
die Christen hier als Aufgeklärte hat namhaft machen
wollen. Die Christen des zweiten Jahrhunderts betrachteten
die Wundertaten Alexanders so, wie der Verfasser der
Petrusakten die Wunder Simons; für sich nahmen sie die
höhere, in ihrem Sinne die wahre Wunderkraft in Anspruch. Dagegen hält Alexander die Epikureer für seine
geschworenen Feinde,[2]) weil sie prinzipiell seine Zaubereien
für Schwindel erklären; sieht aber die Anhänger des
Plato, Chrysippus und Pythagoras als Freunde an, eben
weil ihre Stellung zur Magie der der Epikureer direkt
entgegengesetzt war.

Ähnlich wie LUCIAN urteilt auch CELSUS über die
Magie; nur ist sein Gegensatz dazu nicht so prinzipiell
wie der LUCIANS. Der Grund dafür liegt darin, daß er
Platoniker ist. Er muß sich freilich von Origenes gefallen lassen, ein Epikureer genannt zu werden, sobald er
die Grenzen des Glaubhaften enger zieht als Origenes.
Es darf uns darum auch nicht wunder nehmen, wenn
dieser ihm die Ansicht zuspricht, die παράδοξα Jesu
seien Werke der γοητεία.[3]) Die Wunder der Petrusakten
würde er ebenfalls nur als Werke der Magie beurteilt

---

[1]) ALEXANDER, cap. 25. vgl. cap. 38. ed. SOMMERBRODT II, 1,
p. 113. 118.

[2]) ALEXANDER, cap. 25. vgl. 47. 61. ed. SOMMERBRODT II, 1,
p. 113. 121. 127.

[3]) Origenes contra Celsum II, 9 am Ende.

haben. Sehr verschieden ist seine Schilderung der Tätigkeit der Goëten nicht; wir lesen von ihm: Sofort stellt
er dieselben (die Krankenheilungen, Totenerweckungen etc.
der Christen) auf gleiche Stufe mit dem, was die Gaukler
tun, die nach ihm noch wunderbarere Dinge versprechen,
und mit dem, was jene ausführen, welche bei den Ägyp-
tiern in die Schule gegangen sind, welche dann auf
öffentlichen Plätzen um wenige Pfennige ihre Wunders-
weisheit (τὰ σεμνὰ μαθήματα) losschlagen, Teufel aus
Besessenen austreiben, Krankheiten wegblasen, die Geister
der Heroen beschwören, Tische mit köstlichen Speisen
und Früchten decken, ohne daß diese wirklich vorhanden
sind, und Dinge in Bewegung setzen, als wären es lebende
Wesen, obgleich sie das nicht, sondern solchen nur
täuschend ähnlich sind.[1]) Origenes hat ihm gegenüber,
gerade was die Wunder der Gegenwart betrifft, einen
recht schweren Stand, er ist vernünftig genug, über
Wunder seiner Zeit sich vorsichtig auszudrücken; aber
über die Vergangenheit äußert er sich, daß die Christen
am Anfang mehr durch die Wunder als durch die er-
mahnenden Worte bestimmt worden seien, „die Sitten und
Gebräuche der Väter aufzugeben und andere anzunehmen,
welche von diesen ganz verschieden waren. Und sollen
wir über die anfängliche Gründung und Entstehung der
christlichen Kirche (?) ein annehmbares und haltbares
Urteil fällen, so werden wir sagen müssen, es sei nicht
wahrscheinlich, daß die Apostel Jesu, welche unstudierte

---

[1]) Origenes contra Celsum I, 68; Übersetzung von Röhm.

Leute waren und dem gemeinen Volke angehörten
(ἄνδρας ἀγραμμάτους καὶ ἰδιώτας), sich durch etwas
anderes ermutigen und bestimmen liessen, den Menschen
die Lehre Christi (χριστιανισμόν) zu verkünden, als durch
das Vertrauen auf die Kraft, die ihnen verliehen war, und
auf die Gnade, welche ihre Worte begleitete, und die
An- und Aufnahme ihrer Predigt bewirkte; und es sei
ebenso wenig denkbar, daß sich ihre Zuhörer entschlossen,
die altherkömmlichen Sitten und Gebräuche ihrer Väter
zu verlassen und neue Lehren anzunehmen, die von denen
so verschieden waren, in welchen sie aufgewachsen waren,
wenn nicht eine wunderbare Macht und außergewöhnliche
Ereignisse sie dazu bewogen hätten."[1]) Die Anschauungen
von der Vergangenheit, die Origenes hier entwickelt, sind
von dem Verfasser der Petrusakten als maßgebend für die
Gegenwart angenommen worden. Wenn Celsus solche
Schriften wie diese kennen gelernt hätte, würde er wohl
noch schärfer über die christlichen Goëten geurteilt
haben.

Man kann noch auf viele Sätze des Celsus hinweisen,
um sich die Petrusakten verständlich zu machen. Es ge-
nüge noch folgendes zu erwähnen. Er sagt [2]): „Wie wir
sehen, getrauen sich die Leute, welche auf den öffentlichen Plätzen das gemeine Volk um sich scharen und es
mit ihrem tollen Zeuge unterhalten, nicht in eine Versammlung verständiger Männer, um dort ihre Kunststücke
zu zeigen. Finden sie aber irgendwo einen Haufen Kinder,

---

[1]) Origenes contra Celsum VIII, 47; Übersetzung von RÖHM.
[2]) III, 50.

Sklaven oder Einfaltspinsel, so treten sie auf, um sich an-
gaffen und bewundern zu lassen." Noch bezeichnender
sind folgende Worte [1]): „Es gibt viele, die, obgleich sie
Leute ohne Ruf und Namen sind, mit der größten Leich-
tigkeit und bei dem nächsten besten Anlaß sowohl
innerhalb der Tempel als außerhalb derselben sich ge-
berden, als wären sie gotterleuchtete Männer. Andere
ziehen in Städte und Kriegslager, rufen die Leute zusammen und benehmen sich dann ebenso. Einem jeden
sind die Worte geläufig; ein jeder ist mit denselben sofort
bei der Hand: „Ich bin Gott", oder: „Ich bin der Sohn
Gottes", oder: „Ich bin der göttliche Geist. Ich bin
gekommen, weil der Untergang der Welt schon im Anzug
ist und euch, o Menschen, wegen eurer Sünden Verderben
und Untergang droht. Aber ich will euch retten, und ihr
werdet mich mit himmlischer Macht wieder kommen
sehen. Selig sind, die jetzt mich ehren; alle übrigen
aber, Städte und Länder, werde ich dem ewigen Feuer
übergeben. Diejenigen, welche die ihnen bevorstehenden
Strafen nicht kennen (und an dieselben nicht denken),
werden umsonst bereuen und seufzen; jenen aber, die
mir Glauben geschenkt, verleihe und bewahre ich die
Ewigkeit." Es ist ersichtlich, wie viele Berührungspunkte
solche Worte mit den Petrusakten haben.

Solche Wundergläubige, wie sie die Petrusakten voraus-
setzen, mochte Celsus im Auge haben, wenn er den
Christen zuruft: „Es sollte mich aber wundern, wenn ihr

---

[1]) VII, 9.

meinem Unterricht (über den geistigen Gott) zu folgen
vermöchtet, die ihr ganz an das Fleisch gefesselt seid
und eure Augen auf nichts Reines richtet,"[1]) oder: „Wenn
ihr die Sinne verschließet, und mit dem Geiste aufwärts
schauet, wenn ihr vom Fleische euch abwendet und das
Auge der Seele auftut, dann allein werdet ihr Gott
sehen. Und wenn ihr einen Führer sucht auf diesem
Weg, so müßt ihr die Betrüger und Gaukler meiden,
welche euch an Götzen- und Trugbilder weisen."[2])

Und doch würden wir irren, wenn wir den üblen
Eindruck, den die Wundererzählungen hervorbringen, für
die Beurteilung der Petrusakten ausschließlich maßgebend
sein ließen. Gerade die Forderung, die Celsus in den
zuletzt angeführten Worten erhebt, findet sich auch, mit
etwas anderer Wendung, bei unserm Autor wieder. Der
zum Tode geführte Petrus sagt zu seinen Hörern:
παντὸς αἰσθητηρίου χωρίσατε τὰς ἑαυτῶν ψυχάς.[3])
Früher hatte er zu blinden Frauen gesprochen: Videte
sensu quod oculis non uidetis ... Jesum Christum non
omnes oculi uident.[4]) Und wir meinen, daß der Autor
ein wirkliches Verständnis für das Christentum bekundet,
wenn er die Barmherzigkeit Gottes in den Mittelpunkt
seiner religiösen Anschauung rückt[5]); wenn er den Willen
und die Güte Gottes als Auslegungsprinzip für die heiligen

---

[1]) VII, 42.
[2]) VII, 36.
[3]) cap. 8 des griechischen Textes; LIPSIUS, p. 92.
[4]) cap. 21; LIPSIUS, p. 68.
[5]) cap. 7; LIPSIUS, p. 53. cap. 20, p. 67.

Schriften bezeichnet.[1]) Er sieht freilich mehr die negative
Bedeutung der Sendung Christi, als die positive, indem
er als ihren Zweck bezeichnet: omne scandalum et omnem
ignorantiam et omnem inergaemam (sic!) diaboli zu nichte zu
machen[2]), und dies im Sinne des antiken Dämonenglaubens
deutet. Doch läßt sich auch nicht verkennen, daß er für
ihre positive Bedeutung ein Interesse hat, für die Schaffung
des neuen Lebens, für Übung der Werke der Wohltätigkeit u.s.w. Wir brauchen darüber nicht eingehender zu handeln,
nachdem C. SCHMIDT das Nötige zusammengestellt hat.[3])
Wir stimmen ihm darin zu, daß an Schriften, wie den
Petrusakten, sich deutlich die Mission erkennen läßt,
welche das Christentum tatsächlich unter der Heidenwelt
ausgeübt hat und zur Zeit des Verfassers noch ausübt.[4])
Doch scheint er uns zu wenig erkannt zu haben, daß
mit dem Christentum der Petrusakten die in ihnen ver-
tretene wundersüchtige Stimmung organisch zusammen-
hängt und daß dadurch dies Christentum einigermaßen
beeinträchtigt wird. Am höchsten werden doch die
magischen Wirkungen, die der Name Christi ausüben
soll, geschätzt. Das Christentum als geistige Macht tritt
zurück hinter den Glauben an die Wirklichkeit magischer
Kräfte und magischer Vorgänge. Es hat mitunter den
Anschein, als ob der Verfasser der Petrusakten die Wunder,
die er berichtet, selber nur als Bilder aufgefaßt haben

---

[1]) cap. 20, p. 67.
[2]) cap. 7, LIPSIUS, p. 53, vgl. cap. 20, p. 67.
[3]) a. a. O., S. 158 ff.
[4]) S. 158.

will; aber wie bald mußte ein Verständnis dafür in der
Christenheit verloren gehen. Solange es Männer unter
den Christen gab, die, von griechischer Bildung durch-
drungen, ein Bild als Träger einer Idee aufzufassen im-
stande waren, bestand keine Gefahr, daß das geistige
Christentum von dem materialisierten überwuchert würde.
Aber es sank die Bildung; und sobald das Lateinertum
in der Kirche eine Macht wurde, war jede Möglichkeit
für eine richtige Beurteilung der Petrusakten verloren.
Da gerade der gefeierte Petrus der Held der Erzählung
war, wurden ihre Erzählungen als reine Wahrheit betrachtet. So erleuchtete Männer, wie Lucian, der offen
gegen den wüsten Wunderglauben und die Lügenberichte
seiner Zeit kämpfte [1]), hat die Kirche nicht gehabt;
die Magie erwies sich stärker als die Aufklärung.

Es sollte im vorstehenden nur durch einige Beispiele
darauf hingewiesen werden, daß es nötig sei, die Petrusakten im Rahmen der allgemeinen religiösen Verhältnisse
des zweiten Jahrhunderts zu betrachten, um ihrer historischen Bedeutung inne zu werden. Die Petruserzählungen
unterscheiden sich nicht wesentlich von dem, was Lucian
von Alexander von Abonuteichos berichtet. Nur der
christliche Einschlag hebt sie darüber hinaus. Man be-
kommt Achtung vor der unverwüstlichen Kraft der christlichen Gedanken, wenn man gewahrt, daß sie nicht ver-

---

[1]) Man vergleiche aufser den oben angeführten Schriften
etwa noch: πῶς δεῖ ἱστορίαν συγγράφειν, oder die zwei Bücher
ἀληθοῦς ἱστορίας (ed. SOMMERBRODT II, 1).

loren gegangen sind, wenn sie auch beinahe unter der Wucht superstitiöser Erzählungen erdrückt zu sein scheinen. Auf der anderen Seite aber erschrickt man, wenn man gewahrt, wie dürftig die Speise ist, von der zu Zeiten das geistige Leben eines Teiles der Menschheit 'zehrt.

II. Ort der Abfassung.

Was den Ort der Abfassung der Petrusakten anbetrifft, so hat sich C. Schmidt [1]) für Rom erklärt, indem
er die von Erbes [2]) dafür beigebrachten Gründe zum
größten Teile für zutreffend hält und einige neue hin-
zufügt. Daneben könnte noch Jerusalem in Betracht
kommen. Ich möchte es wahrscheinlicher finden, daß die
Heimat des Verfassers Kleinasien, genauer Bithynien ist,
und möchte einige Gründe für diese Annahme bei-
bringen.

Erbes hat sich zuerst — C. Schmidt hat dieses Argument nicht wiederholt — auf die „speziell römische Ab-
zweckung" der Petrusakten [3]) berufen. „Es ist auffallend,
wie in unseren Akten Paulus schon zur Seite geschoben
wird, um Verdienst und Ehre auf Petrus zu häufen und
nachher von ihm abzuleiten, auf den nach dem sehr

---

[1]) S. 109—111.
[2]) In seinen Artikeln: Petrus nicht in Rom, sondern in Jerusalem gestorben; in der Zeitschrift für Kirchengeschichte 22, 1—47.
161—231. vgl. S. 171 ff.
[3]) S. 171. 169.

brauchbaren Worte Jesu seine Gemeinde gebaut werden
sollte." Dieses Urteil steht noch ganz im Banne der
Tübinger Schule, wie jenes andere, das die Acta Petri
für „schroff antipaulinisch" hält.[1]) Das ist ja richtig, daß
Paulus in unseren Akten Rom verläßt, ehe Petrus an-
kommt, und daß Petrus die römische Gemeinde, die
Simon von dem Glauben an Christus abspenstig gemacht
hatte, wieder zu Christus zurückruft, also gewissermaßen
neu gründen muß. Daß der Verfasser aber seine Erzählung so geformt hat, um das paulinische Christentum
als minderwertig, dagegen das petrinische als das wahre
zu erweisen, läßt sich unter keinen Umständen wahrscheinlich machen. Paulus wird nicht nur verschiedene
Male vor Petrus erwähnt ohne die geringste verkleinernde
Bemerkung; so in cap. 6 [2]): Ariston teilt Petrus mit, auf
Befehl des ihm in einer Vision erscheinenden Paulus
wäre er aus Rom geflohen (um Petrus in Puteoli zu
treffen); cap. 10 [3]): Marcellus nennt ihn den coapostolus
des Petrus und beruft sich auf seine Worte, um durch
Petrus Verzeihung für seinen Abfall zu erlangen. Es
wird auch erzählt, daß Paulus von Petrus berichtet hatte.[4])
Als die Sache in Rom gefährlich wird, bitten die Brüder
Gott, Paulus möchte schneller, d. h. vor Ablauf des für
die spanische Reise in Aussicht genommenen Jahres [5]),

---

[1]) MÖLLER, Lehrbuch der Kirchengeschichte I[3], von H. von
SCHUBERT, S. 168.
[2]) LIPSIUS, p. 52.
[3]) LIPSIUS, p. 57.
[4]) cap. 6; LIPSIUS, p. 51.
[5]) cap. 1; LIPSIUS, p. 46: ut annum plus non abesset.

nach Rom zurückkehren.[1]) Nachdem Petrus gestorben
ist, erwarten die Brüder wieder die Ankunft des Paulus.[2])
Daß Petrus nach Rom geführt wird, erscheint gewissermaßen als ein Notbehelf, da Paulus und ebenso Timotheus
und Barnabas in anderen Ländern zu tun haben und
darum nicht nach Rom kommen können.[3]) Freilich sind
wir nicht in der Lage, die Ökonomie des Verfassers, die
gerade den Petrus nach Rom führt, genügend zu erklären.
Aber mir scheint, daß eine spezifisch römische Tendenz
dem Verfasser fern liegt, auch wegen der Art, wie er
Petrus schildert.

Allerdings nennt sich Petrus den, quem in honore
maximo habuit dominus [4]); Christus sagt zu ihm: ostendam
tibi gratiam meam, quae non habet inuidiam nullam [5]):
Aber an jene auszeichnende Bemerkung ist sofort ange-
schlossen die Erwähnung seiner Verleugnung: scandalizauit
satanas, ut abnegarem lumen spei meae, subiciens me et
fugere me persuasit.[6]) Und nicht bloß Simon hat Petrus
genannt einen infidelis, in aquas dubitans.[7]) Auch Mar-

---

[1]) cap. 4; LIPSIUS, p. 49: ut Paulus celerius reverteretur.

[2]) cap. 11 des griechischen Textes; LIPSIUS, p. 100: μέχρι τῆς
ἐπιδημίας Παύλου τῆς εἰς Ῥώμην.

[3]) cap. 4; LIPSIUS p. 49; practerea quod non esset Romae
Paulus, neque Timotheus neque Barnabas, quoniam in Macedonia
missi erant a Paulo.

[4]) cap. 7; LIPSIUS, p. 54.

[5]) cap. 5; LIPSIUS, p. 49. Vgl. auch p. 50: honorificentior sit
tibi Petrus.

[6]) cap. 7; LIPSIUS p. 54.

[7]) cap. 10; LIPSIUS, p. 58. Die beiden Worte: hic Simon in dem
oben angeführten Satze bezeichnet SCHMIDT S. 86 als eine in den
Text eingedrungene Glosse; wie mir scheint, ohne rechten Grund.

cellus erinnert ihn an seine Zweifel[1]), und Petrus nennt
sich einen Sünder[2]) und bekennt selbst: fui abnegans eum,
dominum nostrum Jesum Christum, et non tantum semel,
.sed et ter.[3]) Der Autor ist soweit entfernt, ihn als den
Felsenmann bezeichnen zu wollen, daß er den Namen
sich sogar anders erklärt. Er läßt Petrus sagen: Petrus
mihi nomen est, quod dominus me Christus dignatus est
uocare paratum esse in omni re.[4]) Petrus ist der Typus
des gefallenen und von Gott wieder zu Gnaden ange-
nommenen Menschen. Er verlangt verkehrt gekreuzigt zu
werden, um den Römern das Bild des gefallenen ersten
Menschen vorzuführen.[5]) Er führt sich der abgefallenen
Gemeinde als Beispiel dafür an, daß Gott auch den Abfall vergeben könne und sie wieder annehmen werde.
Und wenn dies noch nicht genügte, um zu beweisen,
daß „römische Tendenzen" in diesem Bilde Petri nicht
vorhanden seien, so möge noch auf seine Flucht vor der
Gefangennahme aufmerksam gemacht werden.[6]) Erst durch
den erscheinenden Christus, der ihm sagt, er ginge nach
Rom, gekreuzigt zu werden, wird er anderen Sinnes; der
Autor sagt es noch deutlich genug, daß wir uns Petrus
durch Christi Worte beschämt denken sollen; denn er erzählt: da kam Petrus zu sich und kehrte um nach Rom.[7])

---

[1]) ebenda.
[2]) cap. 20; LIPSIUS, p. 67.
[3]) cap. 7; LIPSIUS, p. 54.
[4]) cap. 23; LIPSIUS, p. 71.
[5]) cap. 9 des griechischen Textes; LIPSIUS, S. 94.
[6]) cap. 6 des griechischen Textes; LIPSIUS, S. 88.
[7]) ebenda.

Auf diesen wankelmütigen Petrus hat sich für römische
Primatsansprüche niemand berufen. Man wende nicht
ein, unser Autor habe vielleicht das „Petrusbekenntnis‘
Matth. 16 und die sich daran anschließenden Worte
Christi und Johannes 21 nicht gekannt. Es ist ja gerade seine Absicht, Petrus als Verteidiger der Gottheit
Christi gegen deren Leugner Simon darzustellen, und da er
auch auf die Bezeichnung lapis für Christus Wert legt,[1]) so
wäre es nicht allzuschwer gewesen, sie mit dem „Felsen“
Petrus in Verbindung zu bringen, wie das ein Verfechter
der römischen Primatsansprüche, Leo der Große, denn
auch wirklich getan hat.[2]) Daß er Joh. 21 nicht gekannt
habe, scheint mir ERBES mit Unrecht anzunehmen.[3]) In
cap. 15 [4]) spricht der siebenmonatliche Säugling zu Simon:
te nolente, ueniente sabbato die alter te adducet in Julio
foro; das wird in cap. 18 [5]) von Petrus wiederholt: in
sabbato . . . nolentem adducet eum dominus noster in
Julio foro. Es ist doch wohl das Wahrscheinlichste, hierin
eine Beziehung auf Joh. 21, 18 zu finden[6]): Christus
sagt zu Petrus: ein anderer wird dich gürten und führen,
wohin du nicht willst.

Für römische Abfassung der Petrusakten wird weiter

---

[1]) cap. 24; LIPSIUS, p. 72.
[2]) Sermo IV, cap. 2.
[3]) Zeitschrift für Kirchengeschichte 22, S. 165.
[4]) LIPSIUS, p. 62.
[5]) LIPSIUS, p. 65.
[6]) Möglich wäre es auch, an das stoische Wort zu denken:
ducunt fata volentem, nolentem trahunt. ZELLER, die Philosphie der
Griechen III, 1², S. 168 Anm. 2.

des Verfassers Kenntnis der Topographie Roms (und
Italiens) angeführt.[1]) Aber diese Kenntnis ist so vag, daß
sie in Wirklichkeit nichts bedeutet. Petrus kommt zu
Schiffe in Puteoli an.[2]) Daß die Schiffe dort anlandeten,
wußte der Verfasser aus der von ihm benutzten und nach-
geahmten Apostelgeschichte. Simon hält sich, bevor er
nach Rom kommt, in Aricia auf.[3]) Um von dem be-
rühmten Haine der Diana bei Ariccia etwas zu wissen,
brauchte man nicht nach Rom zu reisen. Von Puteoli
nach Rom ist gepflasterte Straße; es wird Petrus gegenüber die Befürchtung ausgesprochen, er möchte „a concussione" Schaden leiden.[4]) Die römischen Straßen waren
in der ganzen Welt berühmt; aber wir wissen nicht, daß
die Via Appia sich durch besonders schlechtes Pflaster
ausgezeichnet hätte. Der Autor hat sich hier etwas der
Situation entsprechend ausgedacht. Auch Terracina[5])
wird erwähnt; der Grund dafür ist aber doch auch nur,
daß es an der Appischen Straße lag. Der Verfasser weiß,
daß man nach dem Hafen von Rom sowohl auf dem
Tiber als auf der Straße gelangen kann.[6]) Aber hier
zeigt er gerade, daß er Rom nicht kennt. Darauf ist
kein Gewicht zu legen, daß er den Namen Ostia nicht

---

[1]) ERBES a. a. O., S. 171—173. SCHMIDT, S. 109.
[2]) cap. 6; LIPSIUS, p. 51.
[3]) cap. 4; LIPSIUS, p. 48. Vgl. cap. 3 des griechischen
Textes; LIPSIUS, p. 84.
[4]) cap. 6; LIPSIUS, p. 53: hinc enim usque Romae silice strato
ad concussione uereor ne quid patiaris.
[5]) cap. 3 des griechischen Textes; LIPSIUS, p. 84.
[6]) cap. 3; LIPSIUS, p. 48.

gebraucht; aber er weiß offenbar nicht, daß Ostia über 20 km von Rom entfernt ist. Die Schilderung in cap. 3 macht den Eindruck, als ob der Autor sich Ostia ganz nahe bei der Stadt dächte. Die Brüder brauchen nur in die Stadt hinaufzugehen, um die dort zurückgebliebenen herunterzuholen, damit Paulus, durch widrigen Wind an der Abfahrt gehindert, sie noch im Glauben stärken könne. Auch die Ausdrücke: an den Hafen herunterführen, und in die Stadt hinaufgehen sind sehr verdächtig. Der Autor denkt sich Rom als eine hochgelegene Stadt, weil er von seinen „Bergen"[1]) etwas gehört hat. Von Jerusalem sagte man mit Recht: nach Jerusalem hinaufgehen, von Rom darf man es nicht sagen.

Auch seine Kenntnis der Stadt Rom ist sehr dürftig. Darauf ist kein Gewicht zu legen, daß er das Tor der Stadt Rom, über das Simon fliegt, nicht nennt; er spricht nur von porta urbis[2]), als hätte Rom nur ein Tor. Simon wird über die Tempel und Berge der Stadt emporgehoben.[3]) Sein Flug findet an der via sacra statt.[4]) Aber welcher Untertan des imperium Romanum kannte die via sacra nicht oder wußte nichts von den Tempeln und Bergen der Stadt. Der Autor erwähnt noch eine adiacens piscina natatoria, in der Petrus den getrockneten Fisch schwimmen läßt.[5]) Wenn er in Rom geschrieben hätte,

---

[1]) cap. 3 des griechischen Textes; LIPSIUS, p. 82.
[2]) cap. 4; LIPSIUS, p. 48. 49.
[3]) cap. 3 des griechischen Textes; LIPSIUS, p. 82.
[4]) ebenda.
[5]) cap. 13; LIPSIUS, p. 60.

hätte er sich schlechterdings so nicht aussprechen können. Besser scheint es mit der Erwähnung des forum Julium und des hospitium Bithynorum zu stehen. Dies wird nur genannt in cap. 4[1]); auf dem forum Julium findet der entscheidende Kampf zwischen Petrus und Simon statt, es wird darum öfter angeführt.[2]) ERBES[3]) hat den Grund entdeckt, warum der Autor gerade dies Forum gewählt hat; es war nicht zu Kaufzwecken, sondern zur Ausfechtung von Streitfragen bestimmt, wie uns der um 160 nach Christi in Rom selbst schreibende Appian belehrt.[4]) Aber konnte das nicht jeder halbwegs gebildete Mensch wissen, auch wenn er nicht in Rom lebte oder nicht dort gewesen war? Allerdings scheint die Erwähnung des hospitium Bithynorum eine sehr eingehende Lokalkenntnis vorauszusetzen, zumal kein Grund ersichtlich ist, warum die Bithynier an jener Stelle genannt werden. ERBES[5]) identifiziert es mit dem Hause der Prisca und des Aquila (vgl. Röm. 16, 3) und möchte in seiner Anführung eine Angabe von „gewisser Selbständigkeit" sehen, wie er auch das von den Akten über den Presbyter Narcissus

---

[1]) LIPSIUS, p. 49.
[2]) cap. 16; 18; (22; 26; 28) p. 62. 65. 70. 73. 75.
[3]) Zeitschrift für Kirchengeschichte, 22. S. 172.
[4]) Appiani Historia Romana 2, 102; ed. L. MENDELSSOHN, Leipzig 1881; Vol. II, p. 786: καὶ τέμενος τῷ νεῷ περιέθηκεν, ὃ Ῥωμαίοις ἔταξεν ἀγορὰν εἶναι, οὐ τῶν ὠνίων, ἀλλ' ἐπὶ πράξει συνιόντων ἐς ἀλλήλους. Vgl. JORDAN, Topographie der Stadt Rom im Altertum I, 2, S. 436 ff.
[5]) a. a. O. S. 172. 173.

Berichtete [1]) unter das gleiche Urteil stellt. C. Schmidt [2])
hat dieser Meinung nicht zugestimmt, „da die Reminiscenzen
an die römische Urgemeinde wenig probabel erscheinen."
Ich versuche eine andere Erklärung.

„Schon im Jahre 15 wurde Granius Marcellus, Prätor
von Bithynien, der einer Statue Augusts den Kopf abge-
nommen hatte, um den Tibers aufzusetzen, wegen Majestäts-
verletzung angeklagt." So erzählt Friedländer nach
Tacitus, Annales I, 74.[8]) Man könnte es als einen
neckischen Zufall ansehen, daß dieser Mann denselben
Namen trägt, wie der Senator Marcellus in den Petrusakten. Vor dessen Hause ereignet sich folgender Vorgang.[4]) Ein dämonischer Jüngling zertrümmert mit Fuß-
tritten eine Kaiserstatue. Marcellus schlägt sich an die
Stirn und sagt zu Petrus: Es ist ein großes Verbrechen
geschehen; denn wenn dies dem Kaiser durch einen von
seinen Spionen bekannt gemacht wird, wird er uns schwer
bestrafen. Daß Petrus ihm sofort das Mittel angibt, wo-
durch der Schaden wieder gut gemacht wird — Marcellus
nimmt auf Petri Rat Wasser, sprengt es im Namen Jesu
auf die Trümmer, und die Statue ist ganz wie vorher, —
tut hier nichts zur Sache. Wichtiger ist, daß auch dieser
Marcellus wegen eines Vergehens an einer Kaiserstatue
Strafe fürchtet. Noch günstiger liegt die Sache, da Granius

---

[1]) cap. 3; Lipsius, p. 48; cap. 4, p. 49; 6, p. 53 etc.
[2]) a. a. O. S. 110.
[8]) Darstellungen aus der Sittengeschichte Roms, 3[6], S. 243.
[4]) cap. 11; Lipsius, p. 59.

Marcellus auch wegen Erpressung in der Provinz angeklagt
war. (Tacitus, Annales I, 74: de pecuniis repetundis ad
reciperatores itum est.) Wir bringen das in Zusammenhang mit dem, was in unseren Akten [1]) weiter von
Marcellus erzählt wird. Um seinen Abfall von Petrus zu
entschuldigen, rühmen die reuigen Brüder seine große
Wohltätigkeit und führen auch die Worte an, die der
Kaiser zu ihm gesagt hat: Von jedem Staatsamte halte
ich dich fern, damit du nicht die Provinzen ausraubest
und den Raub den Christen zuwendest. (Ab omni officio
te abstineo, ne prouincias expolians Christianis conferas.)
Man wird nicht annehmen wollen, daß diese Ähnlichkeiten
zwischen Tacitus' Erzählung und der Erzählung unseres
Autors zufällig seien; der Schluß ist unausweichlich: der von
den Petrusakten gemeinte Marcellus ist der, von dem
Tacitus berichtet. Aber woher hat der Verfasser der
Petrusakten seine Kunde? Man könnte daran denken, er
habe Tacitus gelesen. Aber dann wäre unerklärlich, wie
er dazu kommt, den Marcellus als Christen zu bezeichnen.
Was er von Marcellus weiß, hat er aus einer allgemeinen
mündlichen Überlieferung. Und wo konnte sich die
Kunde von Marcellus besser erhalten, als in Bithynien?
Darum wird es nicht zu gewagt erscheinen, wenn man an-
nimmt, der Verfasser der Petrusakten sei ein Bithynier
gewesen. Daraus erklärt sich auch die Erwähnung des
hospitium Bithynorum, für die wir sonst keine Erklärung
hätten. Der Autor erzählt, daß bei dem allgemeinen

---

[1]) cap. 8; Lipsius, p. 55.

Abfall der römischen Gemeinde außer dem Presbyter
Narcissus und vier Leuten, die nicht mehr aus dem
Hause gehen konnten, nur zwei Weiber im Hospiz der
Bithynier standhaft geblieben seien.[1]) Während als Grund
dafür bei Narcissus seine Tätigkeit als Presbyter genügt
und bei den anderen vier ihr hohes Alter oder ihre Krank-
heit, finden wir die Erwähnung der zwei Weiber in hospitio
Bytinorum nur genügend begründet, wenn der Verfasser
ein Bithynier ist.

Zu den von ERBES für römische Abfassung beigebrachten Gründen fügt C. SCHMIDT zwei neue.[2]) „Nach
dem Abendlande weist die Berührung mit dem römischen
Symbol und die besondere Stellung zu den groben Sündern
und Lapsi; denn diese praktischen Fragen beschäftigten
seit den Tagen des Hermas die römische Gemeinde und
führten hier zuerst zu der Abschwächung der altchristlichen
Disciplin." Das erste Argument können wir wohl auf
sich beruhen lassen.[3]) Das zweite Argument hätte nur
Beweiskraft, wenn solche Fragen allein in Rom brennend
gewesen wären. Wo es Verfolgungen gab, gab es Lapsi,
und wo es deren gab, war auch die Frage nach ihrer
Wiederaufnahme vorhanden. Weiter ist es sehr zu be-
achten, daß es sich ja gar nicht in unseren Akten um
jene Vergehen handelt, die die römische Gemeinde so
sehr bewegt haben: um Fleischessünden, Götzendienst,
Abfall in der Verfolgung. Nur eine einzige Art des Ab-

---

[1]) cap. 4; LIPSIUS, p. 49.
[2]) S. 111.
[3]) Vgl. darüber C. SCHMIDT, S. 92 f.

falls haben die Akten vor Augen: den Abfall zur Häresie.
Der Abfall zu Simon, der schon im zweiten Jahrhundert
als der Erzvater aller Häretiker galt, ist so reißend, daß
außer dem Presbyter Narcissus nur sechs treu bleiben.
(Ariston, von dem cap. 6 erzählt [1]), gehört nicht zu
ihnen; er hat ein hospitium in Puteoli; ist aber gerade
in Rom, als Simon in die Gemeinde einbricht. Paulus
erscheint ihm im Gesichte und heißt ihn aus Rom fliehen.
Er erzählt dann Petrus in Puteoli, was dort geschehen
war). Irgend welche Erfahrungen des Autors müssen
dieser Erzählung zu Grunde liegen. In der römischen Gemeinde, deren Geschichte wir im Verhältnis zur Geschichte
anderer Gemeinden recht gut kennen, wissen wir von einem
so kolossalen Abfall schlechterdings nichts. Wohl aber
konnte der Autor derartiges in Kleinasien erlebt haben.
Als die Propheten der Montanisten auftraten, fielen ihnen
ganze Gemeinden zu.[2]) Und daß auch die Frage der
Wiederaufnahme der Häretiker in Kleinasien ventiliert
wurde, zeigt uns ein Brief des Bischofs Dionysius von
Korinth im Zeitalter Marc Aurels. Euseb berichtet uns
darüber [3]): Auch schrieb er an die Gemeinde zu Amastris
und zugleich an die übrigen Gemeinden im Pontus. Hier
fügt er Erklärungen von Stellen aus der heiligen Schrift
an. Ihren Bischof nennt er Palmas. Er gibt ihnen viele

---

[1]) LIPSIUS, p. 51—53.
[2]) HARNACK, Lehrbuch der Dogmengeschichte, I[3], S. 392,
Anm. 2. Vgl. ders., die Mission, S. 480.
[3]) Hist. eccles. IV, 23, 6. Angeführt auch bei HARNACK,
die Mission, S. 146.

Ermahnungen über die Ehe und über die Jungfräulichkeit und fordert sie auf, alle, welche von irgend einem Falle oder von einer Vergehung oder von einem häretischen Irrtum zurückkehren, gnädig wieder aufzunehmen. Euseb hat uns auch die in unserm Falle kostbare Notiz hinterlassen, daß Dionys einen Brief an die Gemeinde in Nicomedien in Bithynien geschrieben habe, in dem er die Häresie des Marcion bekämpfe.[1]) Wir brauchen uns ja auch nur der Gefahren zu erinnern, die den Gemeinden vom Montanismus, Marcionitismus, Gnosticismus in Kleinasien drohten, um es verständlich zu finden, daß in einem Schriftstücke wie den Petrusakten der Verfolgungen der Christen durch die Reichsgewalt kaum mit einem Worte gedacht wird. Petrus wird allerdings zum Tode verurteilt, aber nicht etwa als Christ, sondern weil er dem Präfekten Agrippa seine Konkubinen und dem Feunde des Kaisers Albinus seine Frau abspenstig gemacht hat.[2])

Neben Rom, meint C. SCHMIDT, könnte man noch an Jerusalem als Abfassungsort denken.[3]) Aus zwei Gründen: Der erste Teil der Akten spielt sich dort ab; das Nordtor von Jerusalem ist richtig als porta quae ducit Neapolim bezeichnet.[4]) Auch wenn wir mit C. SCHMIDT wegen seiner koptischen Erzählung einen ersten in Jerusalem spielenden

---

[1]) Hist. eccles. IV, 23, 4.
[2]) cap. 5 und 7 des griechischen Textes; LIPSIUS, p. 86. 90. Nur cap. 12 des griechischen Textes, LIPSIUS, p. 100 wird Nero die Absicht zugeschrieben, die Schüler Petri zu verderben; ein nächtliches Gesicht bringt ihn davon zurück.
[3]) S. 110.
[4]) cap. 17; zweimal. LIPSIUS, p. 63. 64.

Teil der Petrusakten supponieren wollten, brauchten wir
deswegen noch nicht anzunehmen, der Verfasser habe in
Jerusalem geschrieben. Und die Bezeichnung des Tores
als porta quae ducit Neapolim ist nicht gewählt als die
richtige Bezeichnung des Nordtores von Jerusalem, sondern
weil der Verfasser aus act. 8 wußte, daß Simon aus dem
Lande Samarien stammte, und weil er keine andere Stadt
darin als Neapolis kannte. SCHMIDT [1]) fügt hinzu: „Ein
Provinziale in Ägypten oder Kleinasien hätte am wenigsten
derartige topographische Kenntnisse von Jerusalem besitzen können, viel eher konnte doch wohl ein Christ in
Rom sich über Jerusalem orientieren, wenn man an den
engen Zusammenhang der römischen Juden mit Palästina
denkt." Mir scheint bei solchen Erwägungen zu wenig
beachtet zu sein, daß der Verfasser der Petrusakten ein
„gelehrter" Mann ist, wie auch C. SCHMIDT von seinem
gelehrten Studium redet [2]), und daß der Reiseverkehr von
Christen im zweiten Jahrhundert ein sehr großer gewesen ist.[3])

Halten wir es so für die wahrscheinlichste Annahme,
daß unser Autor ein kleinasiatischer Christ sei [4]), so er-
möglicht seine Verwertung der Traditionen von Marcellus
noch eine andere Betrachtung. Sein Marcellus ist sicher

---

[1]) S. III.
[2]) S. 88.
[3]) Vgl. jetzt HARNACK, die Mission, S. 268 ff.
[4]) Es wäre äufserst lohnend, seine „Theologie" zu vergleichen
mit der eines Methodius von Olympus und Marcell von Ancyra.
In unserem Kommentar haben wir einige Parallelen beigebracht.

eine historische Persönlichkeit; aber wie hat er seine
wirkliche Geschichte in Fabeleien umgesetzt. Wir beobachten denselben Vorgang, der bei den Paulusakten
längst beobachtet worden ist. Daß die dort erwähnte
Tryphäna eine historische Person sei, unterliegt keinem
Zweifel mehr.[1]) Daß aber das Meiste, was von ihr dort
berichtet wird, nicht der historischen Wahrheit entspreche,
sondern der Phantasie des Autors seine Entstehung ver-
danke, hat auch Ramsay nicht als unrichtig erwiesen.[2])
ZAHN sagt [3]): „Ganz einfach liegt die Sache dagegen,
wenn die Erzählung bald nach der Zeit aufgezeichnet
worden ist, in welcher die ältesten Gemeindemitglieder
noch aus den Tagen des Paulus und der Königin
Tryphäna Selbsterlebtes erzählen konnten. Echte Er-
innerung muß auch in dem enthalten sein, was von der
Familie des Onesiphorus erzählt wird" u. s. w. Die eigene
Phantasie unseres Autors möchte ich so gering nicht an-
schlagen, zumal es sich um eine Zeit handelt, in der es
geradezu Mode geworden war, Produkte der Phantasie
für Wirklichkeit auszugeben. Auch hierfür sind Bemerkungen LUCIANS sehr lehrreich; besonders seine Schrift:
Πῶς δεῖ ἱστορίαν συγγράφειν [4]) gibt uns ein treffendes
Bild von der Unsitte seiner Zeit, historische Begebenheiten
durch Hinzufügung von Märchen und Lügen aufzu-
putzen.

[1]) HARNACK, Geschichte der altchristlichen Literatur II,
S. 498. 505.
[2]) Vgl. HARNACK a. a. O.
[3]) Geschichte des neutestamentlichen Kanons II, S. 907.
[4]) ed. SOMMERBRODT, II, 1.

Die Verwandtschaft der Paulusakten mit den Petrusakten läßt sich noch an anderen Zügen zeigen. Zum Beispiel ist die biblische Färbung in beiden ganz die gleiche.
Und auch sonst finden sich zahlreiche Ähnlichkeiten.
Auf einige hat C. SCHMIDT [1]) aufmerksam gemacht. Er
erklärt sie durch die Annahme, die Petrusakten hätten
verschiedenes aus den Paulusakten geschöpft. Da sich
die zwei schlagendsten Parallelen mit den Paulusakten in
cap. XII des griechischen Textes [2]) der Petrusakten finden
und dieses Kapitel mir etwas verdächtig vorkommt, so
möchte ich dieser Annahme nicht unbedingt zustimmen.
Den gleichen Verfasser anzunehmen, erscheint ebenfalls
schwierig. Aber die Beobachtung dürfte richtig sein, daß
beide derselben Atmosphäre, derselben Schule angehören.
Ist dies richtig, so können wir auch für die Petrusakten
Nutzen ziehen von dem, was Tertullian, de baptismo 17
über die Paulusakten sagt: ein Presbyter habe eine Schrift
verfaßt, in deren Titel der Name Paulus stand (Pauli
perperam inscripta), als könnte er dem Ansehen des
Paulus etwas von dem seinigen hinzufügen. Er habe gestanden, daß er das aus Liebe zu Paulus getan habe,
sei aber trotzdem als Presbyter abgesetzt worden.[3]) Man
sieht, daß die Großkirche gegen derartige Schriften schon
vorsichtig geworden war; daß sie sie als häretisch beur-
teilte, davon hören wir nichts; sind doch sowohl die

---

[1]) S. 84 ff.
[2]) LIPSIUS, p. 100. 102.
[3]) Vgl. HARNACK, Geschichte der altchristlichen Literatur II,
496. 504. ZAHN, Geschichte des neutestamentlichen Kanons II, 892 ff.

Paulus- wie die Petrusakten auch später noch in groß-
kirchlichen Kreisen benutzt worden. Aber sie balancierten
auf der Grenze dessen, was die Großkirche zuzulassen
gesonnen war. Und es währte nicht lange, so wurden sie
von ihr als häretisch, als gnostisch angesehen. Nicht
etwa, weil sie die abstrusesten Wundergeschichten be-
richteten, sondern weil einige ihrer Äußerungen mit der
kirchlichen Dogmatik nicht übereinstimmten.

III. Benutzung in der Literatur.

In Archelai episcopi Liber disputationis adversum Manichaeum (= acta Archelai) cap. 3 findet sich folgender Passus [1]): per universam enim regionem illam ingens fama discurrit de pietate Marcelli, ita ut plurimi ex diversis urbibus videndi, atque cognoscendi viri cupiditate flagrarent, et maxime hi, quibus ferre penuriam usus ante non fuerat, quibus omnibus vir egregius indulgentissime ministrabat, Marcelli veteris imitatus exempla, ita ut omnes dicerent hoc viro nullum pietate praestantiorem. Sed et viduae universae in Domino credentes ad eum concurrebant; cum imbecilli quoque ex eo sibi auxilium certissimum praesumebant, nec non et orphani omnes ab ipso nutriebantur, domusque eius, peregrinorum et pauperum hospitium dicebatur; super omnia vero haec, fidei curam egregie ac singulariter retinebat, aedificans cor suum super immobilem petram. (Anspielung auf Petrus?) Hier wird deutlich auf den Marcellus der Petrusakten hingewiesen und er von dem Marcellus der acta Archelai als Marcellus vetus unterschieden. In den Petrusakten

---

[1]) ed. Routh, Reliquiae sacrae, V², p. 41.

erzählen die reuigen Brüder dem Petrus von Marcellus [1]):
uiduae omnes sperantes in Christo ad hunc refugium habe-
bant; omnes orfani ab eo pascebantur. quid plura, frater?
Marcellum omnes pauperi patronum uocabant; cuius do-
mus peregrinorum et pauperorum uocabulum habebat.
Auch der Satz: ita ut omnes dicerent hoc viro nullum
pietate praestantiorem hat seine Parallele in den Petrusakten, wenn es von Marcellus heißt: nemo fuit tam sa-
pientior inter homines, quam hic Marcellus. Daß die
acta Archelai hier die Petrusakten benutzen, bedarf keines
Beweises; die Verschiedenheiten in den Worten gehen
darauf zurück, daß sie das griechische Original ausge-
schrieben haben und in der uns vorliegenden lateinischen
Form ja selber eine Übersetzung aus dem Griechischen
sind. Wäre ein Zweifel daran möglich, so würde ihn der
letzte oben angeführte Satz heben: denn er sagt im Gegensatz zu dem alten Marcellus, der einmal von dem Glauben
abgefallen war, von dem jüngeren Marcellus aus: super
omnia vero haec, fidei curam egregie ac singulariter retinebat. Die Verwandtschaft zwischen den beiden Stücken
geht noch etwas weiter. So berichten die acta Archelai
von MANES[2]), er glaube, daß er die ganze Provinz in Besitz nehmen könne, wenn er zuerst den Marcellus ge-
wonnen hätte. In den Petrusakten sagen die reuigen
Brüder zu Petrus, daß sie nicht abgefallen wären, wenn
Marcellus nicht vorangegangen wäre (si enim ille uersatus

---

[1]) cap. 8; LIPSIUS, p. 55.
[2]) ROUTH, p. 42. cf. 72. 73.

non fuisset, nec nos remoti fuissemus a sancta fide dei
domini nostri).[1]) Nach seiner Besiegung wird Manes aus
dem Hause des Marcellus, der ihn bei sich aufgenommen
hatte, von den infantes, qui forte convenerant primi in
Manem, hinausgeworfen.[2]) Auch Simon wird aus dem
Hause des Marcellus, in dem er sich aufhält, mit Schimpf
und Schande getrieben.[3]) Auch Archelaus erzählt die
Geschichte des Manes[4]); ebenso wie Petrus Simons Ent-
larvung in Judäa erzählt.[5]) Und so mögen sich noch
andere kleine Züge finden, die beweisen, daß ein Teil der
äußeren Einkleidung der acta Archelai unseren actus Vercellenses entnommen ist. Was sich aus diesem Tatbe-
stande folgern läßt, ist folgendes. Die acta Archelai gehören (in der uns vorliegenden Gestalt) der ersten Hälfte
des vierten Jahrhunderts an.[6]) Da der Verfasser den
Marcellus der Petrusakten von dem seinen als vetus
unterscheidet, so darf man schließen, daß er jene für eine
alte Schrift gehalten hat. Also sind die Petrusakten in
ihrem jetzigen Bestande schon ca. 300 vorhanden gewesen, und man darf nicht der Versuchung nachgehen
(die sehr nahe liegt) alles, was mit Marcellus zusammen-
hängt, der Überarbeitung eines ursprünglich sinnvolleren
und weniger abstrusen Originals zuzuweisen. Weiter folgt
wohl mit Sicherheit, daß die Petrusakten wenigstens von

---

[1]) cap. 8; LIPSIUS, p. 55.
[2]) ROUTH, p. 141.
[3]) cap. 14; LIPSIUS, p. 61.
[4]) ROUTH, p. 184 ff.
[5]) cap. 17; LIPSIUS, p. 62 ff.
[6]) HARNACK, Geschichte der altchristlichen Literatur, I, S. 540.

Ficker, Petrusakten.   4

dem Autor der acta Archelai nicht als ein manichäisches
Produkt angesehen worden sind. Die Entlehnungen aus
ihnen für ein den Manichäismus bekämpfendes Werk
wären sonst rätselhaft. Es wäre hierauf nicht aufmerksam
zu machen, wenn nicht A. Dufourcq in seinem gelehrten
und lehrreichen Buche: Étude sur les gesta martyrum
romains [1]) sie für die Manichäer reklamiert hätte. Er
hat sich verleiten lassen durch ihre enkratitische Haltung
und durch ihre Anschauung von Gott als dem Lichte.
Endlich folgt aber, daß der Autor der acta Archelai die
Petrusakten nicht als häretisch angesehen hat. Die acta
Archelai sind das Buch eines Katholiken, in kirchlichem
Interesse geschrieben. Es wäre schwierig anzunehmen,
daß er für eine seiner Figuren Züge aus dem Produkte
eines Gnostikers entlehnt hätte. So geht dieses Zeugnis
für die Petrusakten durchaus in der Richtung von
Harnacks [2]) Nachweis, daß ihnen ein häretischer Charakter
nicht zukommt und fügt sich dem Zeugenverhör, das
C. Schmidt[3]) angestellt hat, gut ein.

Es sei nebenbei bemerkt, daß die Geschichte des
Marcellus in der Literatur wohl verdiente, des näheren
dargelegt zu werden. Jener bithynische Prätor Granius
Marcellus konnte nicht ahnen, daß er durch den Verfasser
der Petrusakten zum Christen gemacht und dadurch ein
berühmter Mann werden würde. Aus ihnen stammt der

---

[1]) Paris, Fontemoing 1900 (Bibliothèque des écoles françaises
d'Athènes et de Rome, 83) S. 323 ff.
[2]) Geschichte der altchristlichen Literatur II, 549 ff.
[3]) a. a. O. S. 119 ff.

Marcellus, nach dem die „katholische" passio sanctorum
apostolorum Petri et Pauli [1]) der Marcellustext genannt
wird. In lateinischen Handschriften findet sich als sub-
scriptio: ego marcellus discipulus domini mei petri quae
uidi, scripsi. [2]) Die acta Nerei et Achillei [3]) haben mit
manchen anderen Zügen auch den Marcellus aus den actus
Vercellenses entnommen. [4])

Ein weiteres Zeugnis für unsere Petrusakten zeigt, daß
sie in häretischen Kreisen gelesen wurden. Es findet
sich in einer griechischen Handschrift das Escorial
(jetzige Bezeichnung: T I 17). Wir schicken eine Beschreibung der Handschrift voraus, da wir die von
E. MILLER in seinem Catalogue des manuscrits grecs de
la Bibliothèque de l' Escurial [5]) gegebene an mehreren
Punkten ergänzen können.

Die Handschrift ist eine Bombyzinhandschrift des
13. Jahrhunderts; ist ca. 24 cm breit, 31,5 cm hoch;
in einer Spalte geschrieben und enthält 190 Blätter. Alte
Bezeichnungen finden sich auf einem der Vorsatzblätter
und auf fol. 1 a: II. H. 4; und II. Z. 14. Sie war einst
im Besitze des Bischofs von Lerida (1559—1576), späteren
Erzbischofs von Tarragona Antonius Augustinus (gest. 1586),
wie die Worte auf fol. 1 a: Ant. Aug. epi Ilerden[s]
(= episcopi Ilerdensis) beweisen. [6]) Sie trug unter seinen

---

[1]) Acta apostolorum apocrypha ed. LIPSIUS, I, S. 119—177.
[2]) LIPSIUS, S. 177.
[3]) ed. ACHELIS in den Texten und Untersuchungen XI, 2, 1893.
[4]) a. a. O., S. 57. 58.
[5]) Paris 1848; p. 111 f.
[6]) Über diesen Bibliophilen im wahren Sinne des Wortes,

4*

griechischen Handschriften die Nummer 183, die jetzt
noch auf fol. 1 a in der linken unteren Ecke zu lesen ist.
Auch in dem Katalog seiner Handschriften trägt sie diese
Nummer [1]; ihr Inhalt ist hier kurz angegeben. Die
griechischen Handschriften des Erzbischofs wurden nach
seinem Tode von Philipp II. für den Escorial angekauft,
wie es scheint, sämtlich [2]), und befinden sich, soweit sie
der Brand von 1671 verschont hat, noch daselbst. [3])

Der Inhalt der ersten 82 Blätter wird von Antonius
Augustinus wie folgt angegeben:

Constitutionum Codicis, et novellarum ad res sacras
pertinentium, cum paratitlis, et multis novellis diversorum
Imperatorum collectio.

De re nautica capita L.

Joannis Jeiunatoris Patriarchae CP. canones poeni-
tentiales.

Nach meinen Notizen ist es möglich, daß die an
erster Stelle genannte Collectio zusammenstimmt mit
Ἀθανασίου σχολαστικοῦ Ἐμισηνοῦ ἐπιτομὴ τῶν μετὰ

---

seine Bibliothek und ihre Beziehungen zur Bibliothek des Escorial
vgl. CH. GRAUX, Essai sur les origines du fonds grec de l'Escurial;
Paris 1880 (Bibliothèque de l'école des hautes études; sciences
philologiques et historiques, 46. Heft) bes. S. 280 ff. Die Handschrift ist erwähnt auf S. 299. 459. 495.

[1]) Die Originalausgabe dieses Katalogs (gedruckt Tarracone.
Apud Philippum Mey 1586; vgl. darüber MILLER a. a. O., S. IX f.,
GRAUX a. a. O., S. 285 f., Anm.) stand mir nicht zur Verfügung.
Er ist wieder abgedruckt in Antonii Augustini Opera omnia, T. VII,
Lucae 1772. Die Beschreibung der Handschrift auf p. 57.

[2]) Vgl. GRAUX a. a. O., S. 303.

[3]) Mit einigen Ausnahmen: GRAUX, S. 303.

— 53 —

τὸν κώδικα νεαρῶν διατάξεων etc.; herausgegeben von
G. E. HEIMBACH in der Anekdota.[1])

Auf fol. 82 b folgt, von anderer Hand geschrieben
(ohne den Namen des Autors)[2]): *περὶ διονυσίου ἐπισκόπου ἀλεξανδρείας · ὅτι καὶ αὐτὸς κατὰ τῆς ἀρειανῆς
ἐφρόνει αἱρέσεως ὡς ἡ ἐν νικαίᾳ σύνοδος · καὶ μάτην
αὐτὸν συκοφαντοῦσιν οἱ ἀρειομανῖται ὡς ὁμόδοξον
ἑαυτῶν:* — = Athanasius, de sententia Dionysii. Die
Handschrift hat hier verschiedene Lücken (die fehlenden
Blätter finden sich auch nicht an einer anderen Stelle).
Sie enthält: Migne, Patrologia Graeca 25, 480 A — 484 A
(*παρὰ τὰς Γραφὰς*); 489 A (*ὃς ποιήσει πάντα τὰ
θελήματά μου*) — 504 A (*ἀναλόγως*); 509 B (*τὸν θεὸν καὶ
δημιουργὸν ...*) — 521 B (Schluß; auf fol. 91 a).

fol. 91 a—99 b: *περὶ τῆς πανουργίας καὶ ὑποκρίσεως
τῶν ἀρειομανιτῶν · καὶ πῶς μετασχηματιζόμενοι πλα-
νᾶν ἐπιχειροῦσι τοὺς ἀγνοοῦντας αὐτούς:* — = Athanasius Epistola ad episcopos Aegypti et Libyae, Migne,
Patrologia Graeca 25, 537 A—572 A (*ἀλλὰ γεννᾶται · καὶ
τὸ κτίσμα, οὐ γέννημα:*)

fol. 100—114 wird von Antonius Augustinus be-
schrieben: Incerti de Theodoro Episcopo Mopsuestiae et
de Nestorio et Eutychete. Es wird aber auch Severus
genannt; und fol. 104 a beginnt eine Abhandlung *περὶ
οὐσίας καὶ φύσεως* mit den Worten: *Τὸ μὲν τῆς οὐσίας
ὄνομα, αὐτὴν τὴν κλῆσιν φημί.*

---

[1]) I, Leipzig 1838.
[2]) Die Abkürzungen sind von mir überall aufgelöst und iota
subscriptum zugesetzt.

fol. 114 b: *τοῦ ἐν ἁγίοις πατρὸς ἡμῶν ἀναστασίου, ἀρχιεπισκόπου ἀντιοχείας τῆς συρίας κεφάλαια ἐμφιλόσοφα, ἅτινα ἐν τοῖς θείοις δόγμασι διαπαντὸς ἐμφέρεται: — Ἐπειδήπερ χωρὶς ὀρθοδόξου* ... Dies Stück wird erwähnt von Fabricius-Harles, Bibliotheca Graeca X p. 600; auch von Pitra, Juris ecclesiastici Graecorum Historia et Monumenta II, Rom 1868. p. 247.

fol. 118 a: *ἀναστασίου ἐπισκόπου ἀντιοχείας. περὶ τῶν καθ᾽ ἡμᾶς ὀρθῶν τῆς ἀληθείας δογμάτων λόγος πρῶτος.*

fol. 132 a: *λόγος δεύτερος · περὶ ἀπεριγράπτου:*

fol. 135 b: *λόγος τρίτος · περὶ θείας οἰκονομίας:*

fol. 145 a: *λόγος τέταρτος · περὶ πάθους καὶ ἀπαθείας χριστοῦ.*

fol. 151 a: *λόγος πέμπτος · περὶ ἀναστάσεως.*

Diese 5 λόγοι sind bisher nur in lateinischer Übersetzung herausgegeben; sie finden sich gedruckt auch in Migne, Patrologia Graeca, 89, 1309—1362. Andere Handschriften, aber nicht die unsere, weist Pitra nach (a. a. O., S. 247).

fol. 154 b: *Τοῦ αὐτοῦ ἀναστασίου πατριάρχου ἀντιοχείας, λόγος ὁπηνίκα ἐπανῆλθεν ἐπὶ τὸν θρόνον διὰ τριῶν καὶ εἴκοσι χρόνων · ἐλέχθη δὲ ἐν τῇ ἁγίᾳ ἑβδομάδι · μηνὸς μαρτίου εἰκάδι πέμπτῃ · ἡμέρᾳ τετάρτῃ · ἰνδικτιῶνος α´ · βασιλεύοντος μαυρικίου τοῦ εὐσεβεστάτου ἡμῶν βασιλέως: — Εἰρήνη, πάλιν εἰρήνη, καὶ τρίτον εἰρήνη* ... Diese Rede ist unter den verlorenen oder noch nicht herausgegebenen Schriften des Anastasius erwähnt von Fabricius-Harles, Bibliotheca

Graeca X, p. 598, unter Nr. 9; herausgegeben von Pitra,
a. a. O. S. 251—257, nach Cod. Vindobon. Gr. 90.

fol. 157 a: *τοῦ ἁγίου βασιλείου, περὶ πίστεως* = homilia XV des Basilius Magnus, Migne, Patrologia Gr. 31,
464—472.

fol. 160 a: *ἐπιστολὴ ἰουλίου ἐπισκόπου ῥώμης, πρὸς διονύσιον τῆς ἀλεξανδρείας ἐπίσκοπον* = Migne, Patr.
Gr. 8, 929—935. Nach diesem Stück ist die Handschrift
nicht in Ordnung, denn es folgt der Schluß der auf fol.
170a beginnenden Schrift.

fol. 166 a: *τοῦ αὐτοῦ πρὸς συκοφαντοῦντας ἡμᾶς ὅτι τρεῖς θεοὺς λέγομεν* = Basilius Magnus (?), homilia
adversus calumniatores s. Trinitatis, Migne, Patrologia
Graeca 31, 1488 C — ziemlich zu Ende 1496 C (*καὶ ἄλλης ἐπιμελείας· καὶ οὐχ ὅπερ βούλεται.*)

fol. 169 a: *Ἔκθεσις ἀθανασίου ἐπισκόπου ἀλεξανδρείας, περὶ τῆς θείας σαρκώσεως τοῦ λόγου· συμφωνοῦσα τῇ ἁγίᾳ συνόδῳ τῇ ἐν Νικαίᾳ:* = Ps.-Athanasius,
de incarnatione dei verbi, Migne, Patrol. Gr. 28, 25 A—29A.

fol. 170 a: *Τοῦ ἐν ἁγίοις πατρὸς ἡμῶν βασιλείου ἐπισκόπου καισαρείας καππαδοκίας, λόγος κατὰ σαβελλίου καὶ ἀρείου καὶ ἀνομοίων:* — = homilia 24 des
Basilius, Migne, Patr. Gr. 31, 600—617 (der Schluß auf
fol. 166 a).

Der Inhalt von fol. 172—190 wird von Antonius
Augustinus angegeben als: Incerti de haereticis. fol.
172a beginnt ohne Überschrift, mitten im Satze: *τούτους δὲ εἰς τοσοῦτον ἐφυσίωσεν ὁ διάβολος, ὡς καὶ αὐτῆς τῆς ἐκκλησίας τοῦ χριστοῦ κατεπαρθῆναι* . . .

Diese Rede, in der viel vom Teufel und von der Kirche
gesprochen wird, endet fol. 177 b mit den Worten: *μόνον
τοῦ σώματος καὶ αἵματος τοῦ χριστοῦ σεαυτὸν μὴ ἀπο-
στερήσῃς· μηδὲ τὰ κτίσματα τοῦ θεοῦ βδελύξῃ.* Darauf
folgt (noch fol. 177 b) eine neue Rede unter der Überschrift: *ὅτι ἀπὸ σίμωνος τοῦ μάγου αὗται αἱ αἱρέσεις:*
Sie beginnt: *Ἕκαστος τῶν ἀνθρώπων ἐξουσίαν ἔχει ἀποσ-
χέσθαι μὲν τοῦ κακοῦ, προςελθεῖν δὲ τῷ ἀγαθῷ ...*
und endet fol. 181 b: *καὶ μετ' αὐτῶν ἀδιαφόρως
συζῶντα · τὰ δὲ ἀκόλουθα τούτοις, αἰσχρόν ἐστι καὶ
εἰπεῖν.* — Dann folgt (noch 181 b) eine neue Überschrift: *τίς ὁ καθηγητὴς τῶν αἱρέσεων τούτων ·* Die
Antwort beginnt: *ὁ καθηγητὴς πασῶν τῶν αἱρέσεών ἐστιν
ὁ διάβολος· ὡς γὰρ ὁ χριστὸς καθηγητής ἐστι τῆς καθο-
λικῆς ἐκκλησίας ...* und reicht bis fol. 190 b. Die beiden
letzten Zeilen sind leider arg zerstört; doch ermöglichen
die vorhandenen Reste, die Namen *ἐγκρατῖται* und *ἀποτακτῖται* zu erkennen. Gegen diese Häretiker waren die
Reden gerichtet. Der Inhalt erschien mir nicht wichtig
genug, sie ganz abzuschreiben; nur ein Passus erweckt
vielleicht Interesse; er findet sich in dem Abschnitt, der
nachweisen soll, daß die Häresien von Simon herzuleiten
sind. Nachdem der Redner im Anschlusse an die
Apostelgeschichte über Simon in Samaria berichtet hat,
fährt er fort:

fol. 179 a: *ὡς γὰρ ἡ ἐκκλησία ἡ καθολικὴ καὶ ἀπο-
στολικὴ σώζει τὴν γενεαλογίαν τοῦ Χριστοῦ, οὕτως καὶ
αἱ αἱρέσεις φυλάσσουσι τὴν διαδοχὴν τοῦ Σίμωνος·
γέγραπται ἐν βιβλίῳ παρ' αὐτοῖς φυλασσομένῳ, ὃ λε-*

γουσι Πέτρου Πράξεις, ὅτι Γέμελλός [1] τις γνήσιος μα-
θητὴς γέγονε τοῦ Σίμωνος, αὐτὸς ἕως τῆς τελευταίας
αἰσχύνης καὶ τοῦ θανάτου αὐτῷ παραμείνας. καὶ τούτου
τὸ ὄνομα μέχρι τοῦ νῦν ἐπίκειται τῇ αἱρέσει τῶν Ψευδο-
Ἀποτακτιτῶν· Γεμελλῖται [2] γὰρ ἐπονομάζονται. οὗτος ὁ
Γέμελλος [3] μετὰ τὴν πτῶσιν τοῦ Σίμωνος καὶ τὸν πικρὸν
θάνατον — θάνατος γὰρ ἁμαρτωλῶν πονηρός [4] — μὴ
εὑρὼν τόπον τοῦ καταβλάψαι τινὰ ἢ ἀπατῆσαι ἐν τῇ
Ῥώμῃ, ὡς τὸ γράμμα μαρτυρεῖ — οὐδὲ γὰρ ἔστι τοι-
αύτη αἵρεσις ἐν αὐτῇ — καταλαμβάνει τὰ μέρη ταῦτα.
καὶ εὑρὼν ἀφελὲς καὶ εὔκολον τὸ ἔθνος καὶ ἄπειρον τῆς
πλάνης, ἄρχεται τοῦ διδάσκειν καὶ χειροτονεῖν καὶ
πάντα κακουργεῖν τὰ μυστήρια τῶν χριστιανῶν. καὶ ἑαυτὸν
Ἀποτακτίτην ὀνομάζει· καὶ ἦν αἱρεσιάρχης αὐτὸς [5] δια-
δεξάμενος ἀπὸ [6] τοῦ Σίμωνος τὴν αἵρεσιν, μήτε βάπτισμα λαβὼν παρά τινος μήτε ὅλως χριστιανὸς ὀνο-
μασθεὶς ἢ μόνῳ Σίμωνι μαθητευθεὶς καὶ τὰ ἐκείνου
ὠφελημένος. ταύτην τὴν ἀρχὴν ἔσχεν ἡ αἵρεσις. χρόνου
δὲ προϊόντος καί τινων ἀπατηθέντων διά τ . . . . . [7]
προεστῶτας τῶν ἐκκλησιῶν τοῦ Χριστοῦ, ἐλαύνεσθαι

---

[1] Hs: γέμελδ
[2] Hs: γεμελλῖται
[3] Hs: γέμελλος
[4] Ps. 33, 22.
[5] Nach diesem Worte hat die Hs: ἀπὸ τοῦ σίμωνος; aber
darüber uud darunter gesetzte Punkte deuten an, dafs die Worte
getilgt werden sollen.
[6] Darüber hat eine spätere Hand παρὰ gesetzt.
[7] Es fehlen wegen eines Loches im Bombyzin etwa 4 Buchstaben; über der Lücke ist noch ein accentus gravis sichtbar; also
wohl τινάς zu ergänzen.

ὑπὸ .... ¹) διωκόντων τὴν ἐκκλησίαν + ²) μία δὲ αἵρεσις
ὄντες ἐδόκουν λανθάνειν. καὶ πάλιν ὁ καθηγητὴς αὐτῶν
διάβολος, ἔχων αὐτοὺς ἅπαξ ὑποχειρίους fol. 179 b: καὶ
εἰς πάντα ὑπηκόους, μερίζει αὐτοὺς εἰς δύο οὕτως· εὑρε-
θέντες τινὲς εἰς αὐτοὺς ζῷα³) ἔχοντες, ὑπὸ τῶν μὴ ἐχόν-
των ἐβδελύχθησαν· .... οοίσαντες⁴) γὰρ τούτους οἱ
μὴ ἔχοντες ὡς ἀκαθάρτους καὶ ἀνοσίους τῆς τοιαύτης
ἀποτάξεως, αὐτοὶ μόνοι τὴν προσηγορίαν τοῦ ἀρχηγοῦ
αὐτῶν τῆς ἀπωλείας τοῦ Γεμέλλου ⁵) ἐκληρονόμησαν.
ἀλλὰ γὰρ καὶ αὐτοὺς πάλιν κατατέμνει ὁ διάβολος·
ἅπαξ γὰρ κρατήσας αὐτῶν ἀντὶ παιγνίου ⁶) αὐτοῖς κέχ-
ρηται· εὑρὼν γάρ τινας εἰς αὐτοὺς σάκκινα φοροῦντας
ἐχώρισεν αὐτοὺς ἀπὸ τῶν φορούντων τὰ ἐρινᾶ⁷) ἱμάτια
ὡς ἀπὸ ἀσεβῶν. ἀλλ' οὐδὲ μέχρι τούτου ἐνεπλήσθη τῆς
κατ' αὐτῶν ἀπάτης ὁ διάβολος · πάλιν γὰρ κατασχίζει
τοὺς τὴν ψευδώνυμον ἀπόταξιν περιβεβλημένους. καὶ

---

¹) Es ist hier wieder eine Lücke von etwa 4 Buchstaben.
Unter der Zeile ist noch eine senkrechte Hasta sichtbar; über der
Zeile etwa ein Circumflex. Vielleicht ist ἡμῶν zu ergänzen und
mit dem folgenden τὴν ἐκκλησίαν zu verbinden. Aber das gibt
keinen Sinn. Vielleicht ist αὐτῶν zu lesen; besser noch σφῶν.

²) Hier ist der Text nicht in Ordnung; vgl. darüber unten.

³) Die unterstrichenen Buchstaben sind ergänzt. Von dem
ν ist nur der untere Teil übrig; von dem ζ nur ein Stück des
oberen Teiles; auch von dem ω fehlt ein Stück. Die Ergänzung
ist sicher, wegen des unten folgenden εὑρών τινας εἰς αὐτοὺς und
des τετραπόδων.

⁴) Fs fehlen etwa 3—4 Buchstaben; unter der Zeile ist weiter
nichts übrig als ein Haken, etwa der untere Teil eines ϱ; ich
möchte korrigieren: προώσαντες; vgl. unten.

⁵) Hs: γεμελο

⁶) Hs: ἀντιπαιγνίου.

⁷) Hs: ἐρινὰ

μέχρι μὲν τούτου, ἦν τις καὶ πρόφασις τῷ διαβόλῳ, δι᾽
ἧς τὸν χωρισμὸν αὐτοῖς ἐποίει· προφάσει ¹) γὰρ τετραπόδων ἢ σακκίου ὁ χωρισμὸς ἐγίνετο εἰς αὐτούς· νυνὶ
δὲ πρόφασις οὐδὲ μία τοῦ χωρισμοῦ· πάντες γὰρ ἴσοι·
πάντες γὰρ οὐ τὸ ὄνομα τοῦ Χριστοῦ, ἀλλὰ Σίμωνος
καὶ Γεμέλλου ²) φέροντες· κἀκεῖνοι ³) Ἀποτακτῖται· καὶ
Σίμωνος καὶ Γεμέλλου⁴) πάντες διάδοχοι. καὶ τίς ὁ
χωρισμός; καὶ τίς ἡ αἰτία; εἴπατε, ἵνα γνῶμεν· ἀπε-
τάξασθε τῷ Χριστῷ καὶ παντὶ τῷ μυστηρίῳ αὐτοῦ,
ἔπειτα καὶ ἀλλήλοις, μηκέτι εὑρίσκοντες, τίνι ἀποτάξασ-
θαι. ἅπαξ πάντων τῶν ἀγαθῶν ὑστερηθέντες, ἀλλήλοις
ἀποτάσσονται· ἀλλήλους γὰρ βδελυσσόμενοι καὶ ἀπ᾽
ἀλλήλων χωριζόμενοι ὡς ἀπὸ πολεμίων νομίζουσι χωρί-
ζεσθαι· ὅπερ καὶ ἀπόταξιν ὀνομάζουσιν. ἴδωμεν δὲ
καὶ ⁵) τὸ ἄλλο σχῆμα, ὃ οὗτοι ὡς ἄχρηστον ἀπερρίψαντο·
ποῖον ὄνομα αὐτοῖς καινοτομήσουσι τῆς τοιαύτης ἀποτάξεως ἐκβεβλημένοι⁶); ἀλλ᾽ ὅμως κἀκεῖνοι εὑρίσκουσιν
εὐκόλως ἑαυτοῖς ὄνομα. Ἐγκρατίτας γὰρ ἑαυτοὺς ὀνομάζουσιν fol. 180a: ὅτι παρατάσσονται ἐκείνοις· χωρισ-
θέντες γὰρ ἀπ᾽ ἀλλήλων πόλεμον ἀδιάλλακτον κατ᾽
ἐκείνων ἔχοντες, ὅπως ἴδωμεν τὴν τούτων ἐγκράτειαν
καὶ τίνων ἐγκρατεύονται· λόγῳ ⁷) δὲ ἐπαγγείλασθαι ἐγ-

---

¹) Hs: πρόφασις
²) Hs: γεμέλου
³) Hs: κακεῖνοι
⁴) Hs: γεμέλου
⁵) Die Lesung des καὶ war nicht sicher.
⁶) Hs: ἐκβεβλημⁿ
⁷) Hs: λόγου. Anstelle des folgenden δέ ist in der Handschrift weiter nichts übrig, als ein wagerechter Strich über der

κράτειαν ἢ ἀπόταξιν, οὐδὲν θαυμαστὸν οὐδὲ καμάτου
πρόξενον· ἀλλ᾽ οὐ ζητεῖται λόγος μόνον, ἀλλὰ καὶ τὸ
ἔργον — — —

Wir haben den Text wie ihn die Handschrift gibt
(abgesehen von den in den Anmerkungen genannten Ab-
weichungen) abgedruckt. Nur haben wir das in der
Handschrift überall fehlende iota subscriptum eingesetzt,
Abkürzungen aufgelöst, den Eigennamen große Anfangs-
buchstaben gegeben und die Interpunktion sinngemäß ge-
staltet. Ergänzte Buchstaben sind unterstrichen. Der
Text ist nicht schwer zu verstehen und ist auch, nach dem
vorliegenden Fragmente zu urteilen, gut überliefert. Nur
an zwei Stellen macht das Verständnis Schwierigkeit. Der
Satz χρόνου δὲ προϊόντος bis λανθάνειν ist undeutlich;
man könnte ihn übersetzen: „als die Zeit fortschritt, und
einige um (einiger) Vorsteher der Kirchen Christi willen
getäuscht wurden, schien es, als ob sie von den Ver-
folgern (ihrer) Kirche vertrieben würden, aber als ob sie
im Geheimen doch nur eine Häresie wären." Aber das
hat keinen Sinn. Wir können weder sagen, wer die
τινὲς sind, die getäuscht wurden, noch worin die Täuschung
bestand, noch wer die Vorsteher der Kirchen Christi sind,
um derentwillen sie getäuscht wurden. Da es sich in dem
ganzen Stücke um das asketische Ideal, und zwar um ein
streng asketisches Ideal handelt, so können wir vermuten,
daß die Täuschung in der Annahme bestand, das von den

Zeile. Er kann auf eine Abbreviatur deuten; und so kann auch
ergänzt werden, um das handschriftliche λόγου zu halten: χάριν
oder auch ἕνεκα.

Häretikern verkündete asketische Ideal sei das wahre Verständnis vom Christentum; daß unter den Vorstehern der
Kirchen Christi Männer gemeint seien, wie etwa Eustathius
von Sebaste, denen man ja auch ihre streng asketische
Lebensführung zu Zeiten zum Vorwurf gemacht hat.[1])
Aber die obigen Worte sind so allgemein gehalten, daß
ein sicheres Urteil nicht möglich erscheint und wohl auch
nicht sich ermöglichen wird, wenn die Rede des unbe-
kannten Autors vollständig gedruckt sein wird. Ebenso
wenig können wir bestimmt sagen, was mit den folgenden
Worten gemeint ist. Von einer Verfolgung der Kirche
ist die Rede; es ist wahrscheinlich, daß die Kirche der
Häretiker (im Gegensatz zu den eben genannten Kirchen
Christi) darunter verstanden werden soll. Daß der Autor
die Häretiker sich gemeindlich organisiert denkt, resp.
eine von einem Priester oder Bischof geleitete Gemeinde
vor Augen hat, geht aus dem χειροτονεῖν hervor, das er
dem Gemellus beilegt. Aber in welcher Beziehung stehen
dann die Worte ἐλαύνεσθαι etc. zu dem μία δὲ αἵρεσις
ὄντες ἐδόκουν λανθάνειν? Man könnte daran denken,
der Autor meine, daß erst eine Verfolgung ihren häretischen Charakter ans Licht gebracht habe, und so lange
sie nur e i n e Häresie waren, schienen sie verborgen bleiben
zu können. Aber das ist doch nicht gemeint; vielmehr
will der Autor verschiedene zu seiner Zeit bestehende
Häresien auf eine Wurzel zurückführen. Er macht Gebrauch
von der seit dem zweiten Jahrhundert üblichen Anschauung,

---

[1]) Vgl. F. LOOFS, Eustathius von Sebaste, Halle 1898, S. 88 ff.

daß der Magier Simon der Vater der Häresie sei, und versucht nun die Spaltung dieser einen Häresie im Hinblick auf die in seiner Landschaft (τὰ μέρη ταῦτα) lebenden verschiedenen Häresien darzulegen. Hierbei müssen wir auf die zweite Stelle zu sprechen kommen, die dem Verständnisse Schwierigkeiten macht. „Es wurden einige unter ihnen (εἰς αὐτούς, man erwartet αὐτῶν; εἰς steht für ἐν, wie häufig im späteren Griechisch; vgl. Sophokles, Lexikon s. v.) erfunden, als Tiere (ζῶα vgl. die τετρά-ποδες, die weiter unten genannt werden) im Besitz habend, und wurden von denen, die keine hatten, verabscheut." Nun ist im Texte eine kleine Lücke; darum läßt sich das folgende Wort nicht mit Sicherheit ergänzen; der Größe der Lücke und dem Sinne entsprechend möchte ich vorschlagen: προώσαντες und so übersetzen: „diejenigen nämlich, die keine Tiere besaßen, stießen die Vertreter einer solchen Enthaltsamkeit von sich" (natürlich, weil sie sie nicht mehr als wahre Enthaltsame anzuerkennen vermochten.) Der Autor berichtet weiter, daß diese für sich allein den Namen Gemelliten in Anspruch nahmen, während an jenen der Name Apotaktiten (der ihnen früher gemeinsam war) haften blieb. Unter den Gemelliten selber aber richtet der Teufel wieder eine Spaltung an; er scheidet diejenigen, welche grobes Zeug tragen, von denen, die wollene Kleider (oder Mäntel) tragen. Wir werden nicht fehl gehen, wenn wir jene mit den auch sonst genannten σακκοφόροι (vgl. weiter unten) identifizieren. Es scheint, als ob eben wieder in der Zeit, wo der Autor schreibt, eine neue Spaltung sich unter den Gemelliten vollzieht; als Grund dafür weiß

er nur ihre Streitsucht anzugeben. Zum Schlusse erfahren
wir noch von einem anderen Namen, den jene Apotaktiten,
die von den sich Gemelliten nennenden ausgeschlossen
worden sind, sich gegeben haben: Enkratiten. An dem
unversöhnlichen Kampf, den die einzelnen Parteien gegen-
einander führen, könne man erfahren, wie ihre ἐγκράτεια
ἢ ἀπόταξις beschaffen sei. Der Autor macht Gebrauch
von einem Argument, das der Häresie immer entgegen
gehalten wird: an den unter ihr auftretenden Spaltungen
und der Streitsucht der einzelnen Parteien gegenein-
ander könne man schon erfahren, daß es mit ihr nichts sei.

Der Oberbegriff, unter dem der Autor die von ihm be-
kämpften Häresien zusammenfaßt, ist der der Apotaktiten.
Diejenigen, die sich für die wahren Apotaktiten halten,
sondern sich als Gemelliten von ihnen ab: von ihnen
wieder trennen sich die „Sackträger"(?); und eben bildet
sich eine neue Spaltung. Jene ersten Apotaktiten nennen
sich Enkratiten.

Der Autor nennt sie Pseudo-Apotaktiten, nennt sie
auch οἱ τὴν ψευδώνυμον ἀπόταξιν περιβεβλημένοι. Er
will damit andeuten, daß er auch wahre Apotaktiten, das
heißt kirchliche Apotaktiten kennt. Er schreibt ja, wie
der Anfang lehrt, als Vertreter der katholischen und
apostolischen Kirche. Zwar in der griechischen Literatur
ist mir der Name Apotactitae etwa für Mönche nicht bekannt; aber der Gebrauch von ἀποταγή, ἀποτάττεσθαι
in der Kirche ist zu bekannt, als daß er belegt werden
müßte. Besonders ἀποταγή ist ein beliebter mönchischer
terminus geworden. ἀποτακτικός begegnet für „Mönch".

Vgl. die Anrede in der koptischen Vita Pachomii et Theodori XXII: ô homme apotactique . . oder die Worte: Car si le juste n'eût pas été apotactique chaque jour dans le désir de son coeur . . . . [1]˙ Deutlich sind die folgenden Sätze: Regula Pachomii 16: *ἐάν τις προςέλϑη τῇ μονῇ, ϑέλων γενέσϑαι ἀποτακτικός*; und *ἐνδύσουσιν αὐτὸν τὸ σχῆμα τὸ ἀποτακτικόν.*[2] In den acta Philippi [3] heißt es: *Ἔδοξαν* (d. h. die Philosophen in Athen) *γὰρ τὸν Φίλιππον εἶναι φιλόσοφον, ἐπειδὴ ἦν ὁδεύων σχήματι ἀποτακτικοῦ.* Der Autor der Philippusakten erklärt auch gleich, was dieses *σχῆμα* ist; denn er fügt hinzu: *καὶ οὐκ ἔγνωσαν ὅτι ἀπόστολός ἐστιν Χριστοῦ · τὸ γὰρ ἔνδυμα ὅπερ ἔδωκεν τοῖς ἀποστόλοις ὁ Ἰησοῦς ἐπενδύτης μόνον ἦν καὶ λέντιον.*[4] Während die Regel des Pachomius uns nach

---

[1] Mission archéologique française au Caire IV, 2, 1895, p. 59?. 593.

[2] So bei Migne, Patrologia Graeca 40, 949 A. (Das *σχῆμα ἀποτακτικοῦ* steht im Gegensatze zu den *κοσμικὰ ἱμάτια.*) Ebenso lautet der Text in den Acta Sanctorum Mai III, p. 63*. Bei Pitra, Analecta sacra et classica V, 1888, p. 114 heifst es: *ἐάν τις προςέλϑη τῇ ϑύρᾳ ϑέλων*(?) *ὑποτακτικὸς εἶναι; . . . ἐνδύσουσι δὲ αὐτόν τὸ ἅρμα τὸ ἀποτακτικόν.* Hieronymus übersetzt (Patrologia Latina 23, col. 70 A, Nr. 49): Si quis accesserit ad ostium monasterii, volens saeculo renuntiare . . . tunc nudabunt eum vestimentis saecularibus et induent habitu monachorum. Ähnlich lautet die zweite äthiopische Rezension, übersetzt von KÖNIG in den Studien und Kritiken, 1878, S. 329. Vgl. über die Regel des Pachomius GRÜTZMACHER, Pachomius und das älteste Klosterleben, 1896, S. 127 f.

[3] acta apostolorum apocrypha II, 2, ed. BONNET c. 6; p. 4 (Acta Philippi in Hellade c. 1 ed. TISCHENDORF, Acta apostolorum apocr. p. 95.)

[4] Auch in dem acta Petri et Andreae cap. 4 (ed. BONNET, Acta apostolorum apocrypha II, 1, p. 119, 4. 5) ist Petrus mit *ἐπενδύτης* und *λέντιον* bekleidet.

Ägypten weist, scheinen die Philippusakten auf Kleinasien
zu deuten. Beide Schriftstücke gehören wohl der 2. Hälfte
des 4. Jahrhunderts an. Die Regel des Pachomius liegt
uns nicht in ursprünglicher Form vor.

Ein sehr wertvolles, hierher gehöriges Zeugnis findet
sich in der 7. Rede des Kaisers Julian.[1]) Er wendet
sich gegen den Cyniker Heraklius und gegen den falschen
Cynismus; dabei schreibt er auch: Πάλαι μὲν οὖν ὑμῖν
ἐθέμην ἐγὼ τοῦτο τὸ ὄνομα · νυνὶ δὲ αὐτὸ ἔοικα καὶ γρά-
φειν. Ἀποτακτιστάς τινας ὀνομάζουσιν οἱ δυσσεβεῖς Γα-
λιλαῖοι. Τούτων οἱ πλείους μικρὰ προέμενοι, πολλὰ
πάνυ, μᾶλλον δὲ τὰ πάντα πανταχόθεν ξυγκομίζουσι
καὶ προςῆν οἶμαι τὸ τιμᾶσθαι καὶ δορυφορεῖσθαι καὶ
θεραπεύεσθαι. Nicht bloß ist der Vergleich mit den
Cynikern lehrreich; auch die Anschauung des Kaisers von
den Enthaltsamen unter den Christen, die Kleines opfern
und vieles von allen Seiten her einheimsen, ist beachtenswert. Der Ausdruck Ἀποτακτιστάς ist konjiziert; der
Codex Leidensis inter Vossianos 77 (XII./XIII. Jahrhundert)
bietet nur ἀποτακτ....; die Pariser Ausgabe des Pe-
tavius hat ἀποτακτίσας; es ist entweder ἀποτακτικούς
zu lesen oder ἀποτακτίτας. Es scheint, als ob der
Kaiser christliche Enthaltsame meinte, die innerhalb der
christlichen Kirche lebten und von den Christen hoch-
geehrt wurden; also wohl Mönche. Wäre ἀποτακτίτας
zu lesen, so hätten wir hier den einzigen Fall in der griechischen Literatur, bei dem der Name nicht als Ketzername gemeint ist.

---

[1]) Ed. HERTLEIN, I, Leipzig 1875, p. 290.

Merkwürdigerweise findet sich in der lateinischen
Literatur eine.Schrift, in der der Name apotactitae schlecht-
hin für mönchisch Lebende gebraucht wird. Die soge-
nannte peregrinatio Silviae [1]) bezeichnet nicht nur die
virgines, die am Martyrium der hl. Thecla 1500 Schritt
von der Stadt Seleucia in Isaurien unter der Leitung
der Marthana wohnen, als apotactitae [2]); sondern setzt
einfach für monazontes ein apotactitae, tam uiri quam
feminae.[3]) Und auch nicht nur die Jerusalemer Mönche
und Nonnen [4]) bezeichnet sie so, sondern auch die, die
de diuersis omnibus locis uel prouinciis nach Jerusalem
zum dies enceniarum kommen.[5]) (Sie nennt dort speziell
Mesopotamien, Syrien, Ägypten, Thebais.) Von den Fasten
der Jerusalemer apotactitae berichtet sie: Consuetudo hic talis
est, ut omnes, qui sunt, ut hic dicunt, aputactitae, uiri
uel feminae, non solum diebus quadragesimarum, sed et toto
anno, qua manducant, semel in die manducant. Wer aber
die Strenge des Fastens nicht aushalten könne, brauche
es nicht so zu halten: denn unusquisque ut potest id
facit, nec ille laudatur, qui satisfecerit, nec ille uituperatur
qui minus.[6]) Einen häretischen Beigeschmack hat das
Wort hier nicht.

---

[1]) Herausgegeben zuletzt in den Itinera Hierosolymitana sae-
culi IIII—VIII von P. GEYER; Corpus scriptorum ecclesiasticorum
Latinorum, Vol. XXXVIIII. Die peregrinatio schreibt aputactitae
(p. 69, 29. 70, 11. 80, 29. 91, 25. 92, 18. 32. 96, 8. 100, 17).
[2]) p. 69.
[3]) p. 70.
[4]) p. 80.
[5]) p. 100.
[6]) p. 80. 81. Vgl. auch p. 92, 32.

Apotactitae als Ketzername begegnet öfter. Am Schlusse
der Konstitution Theodosius' des Großen gegen die
Manichäer vom Jahre 381 [1]) heißt es: Nec se sub simu-
latione fallaciae eorum scilicet nominum, quibus plerique,
vt cognouimus, probatae fidei et propositi castioris dici ac
signari volent, maligna fraude defendant; cum praesertim
nonnulli ex his Encratitas, Apotactitas, Hydroparastatas
vel Saccoforos nominari se velint, et varietate nominum
diuersorum velut religiosae professionis officia mentiantur:
Eos enim omnes conuenit, non professione defendi nominum, sed notabiles atque execrandos haberi scelere
sectarum. Die Konstitution meint nicht, daß die genannten Namen Bezeichnungen von manichäischen Sekten
wären, sondern daß sich die Manichäer hinter diese
Namen versteckten. Sie tun es, um ihre „probata fides“
und ihr „propositum castius“ zu zeigen, also um unbehelligt
zu bleiben. Der Kaiser sagt nicht, daß er diese Sekten
bestraft wissen will; er spricht ihnen ja geradezu probata
fides und propositum castius zu. Er will nur die Manichäer, die sich unter solchen Namen verbergen, treffen.
Diese am 8. Mai 381, also um die Zeit der sogenannten
zweiten ökumenischen Synode [2]) erlassene Constitutio war
in Bezug auf die genannten Sekten nicht deutlich genug.
Etwas deutlicher spricht die Constitutio vom 31. März 382.[3])
Sie wendet sich zuerst gegen diejenigen Manichäer, welche

---

[1]) Cod. Theodos. Lib. XVI, tit. V, VII.
[2]) Die Synode begann nach Sokrates V, 8 im Mai 381. Vgl.
HEFELE, Konziliengeschichte II², S. 12.
[3]) Cod. Theodos. Lib. XVI, tit. V, IX.

„vitae solitariae falsitate," den coetus bonorum fliehen und
secretas urbes (? turbas oder sedes?) pessimorum sich zum
Felde ihrer Tätigkeit aussuchen. Sie nennt sie solitarii.[1])
dann fährt sie fort: Ceterum quos Encratitas prodigiali
appellatione cognominant cum Saccoforis siue Hydro-
parastatis, refutatos iudicio, proditos crimine, vel in me-
diocri vestigio facinoris huius inuentos, summo supplicio
et inexpiabili poena iubemus affligi. Wenn diese Leute
als Manichäer erfunden werden, wenn auch der Verdacht,
daß sie Manichäer seien, nicht groß ist, sollen sie hart
bestraft werden. Merkwürdigerweise fehlen gerade hier
die Apotaktiten; weswegen, läßt sich nicht erraten. Man
könnte denken, daß sie unter den Enkratiten inbegriffen
sein sollen, oder auch, daß ἀποτάσσεσθαι einen guten
kirchlichen Sinn hat. Zum letzten Male hat Theodosius
der Große über die genannten Sekten am 25. Juli 383
eine Konstitution[2]) erlassen. Er nennt sie hier auf einer
Linie mit Arianern und Manichäern: Omnes omnino,
quoscunque diuersarum haeresum error exagitat (id est
Eunomiani, Ariani, Macedoniani Pneumatomachi: Manichaei,
Encratitae, Apotactitae, Saccofori, Hydroparastatae), nullis
circulis coëant, nullam colligant multitudinem, nullum ad
se populum trahant, nec ad imaginem Ecclesiarum parietes
priuatos ostendant: nihil vel publice vel priuatim, quod
Catholicae sanctitati officere possit, exerceant. Ac si qui
extiterit, qui tam euidenter vetita transcendat, permissa

---

[1]) Vgl. die Ἐρημῖται des Macarius Magnes, ed. BLONDEL,
Paris 1876, p. 151.
[2]) Cod. Theod. Lib. XVI, tit. V, XI.

omnibus facultate quos rectae obseruantiae cultus et
pulchritudo delectat, communi omnium bonorum con-
spiratione, pellatur. Damit waren sie endgültig proskri-
biert. In der staatlichen Gesetzgebung gegen die Ketzer
werden zwar die Manichäer noch oft genannt; aber die
hier mit ihnen verbundenen Namen nicht mehr aufge-
führt. In der Constitutio Theodosius' II. und Valentinians
vom 30. Juni 428 [1]) wird unter anderen Häretikern auch
den Hydroparastatae [2]) verboten, in Romano solo Zu-
sammenkünfte zu halten; an letzter Stelle des Häretiker-
verzeichnisses werden auch noch die Manichaei genannt;
es ist durch nichts angedeutet, daß man jene mit diesen
verbunden gedacht hätte. Diese Constitutio ist in den
Codex Justinianus übergegangen [3]); doch hat er vor den
Manichäern noch (Ophitae) Encratitae, Apotactitae, Saccophori eingeschoben. Daß diese bewußt mit den Manichäern zusammengestellt seien, ist durch nichts angedeutet. Der griechische Text, wie er sich in der Constitutionum ecclesiasticarum collectio ex lib. I Codicis [4])
findet, fügt nach den ἀποτακτῖται hinzu: ἐρημῖται.
Diese Hinzufügungen zeigen wohl deutlich, daß sie ge-

---

[1]) Cod. Theod. Lib. XVI, tit. V, LXV.
[2]) Diese sind auch genannt in der Novelle Theodosius' II. de
Judaeis, Samaritanis, haereticis et paganis vom Jahre 439, abgedruckt
in den Novellae Constitutiones imperatorum etc. v. J. D. RITTER
p. 10 (Anhang zu dessen Ausgabe des Codex Theodosianus cum
perpetuis commentariis J. Gothofredi, VI, 2, Leipzig 1745).
[3]) I, 5, 5. ed. P. KRÜGER, p. 75.
[4]) Edd. G. Voellus et H. Justellus, Bibliotheca iuris canonici
veteris tom. II, Paris 1651, p. 1285.

lehrter Natur sind, und daß die genannten Sekten zur
Zeit Justinians eine Bedeutung nicht mehr hatten.

Etwas mehr Auskunft geben uns die kirchlichen
Schriftsteller. Basilius der Große schreibt in seiner
2. epistola canonica vom Jahre 375 an Amphilochius von
Ikonium [1]): *Ἐγκρατῖται καὶ σακκοφόροι καὶ ἀποτακτῖται τῷ αὐτῷ ὑπόκεινται λόγῳ, ᾧ καὶ Ναυατιανοί,
ὅτι περὶ μὲν ἐκείνων κανὼν ἐξεφωνήθη, εἰ καὶ διάφορος·
τὰ δὲ κατὰ τούτους ἀποσεσιώπηται.* Dieser Satz ist
ganz und gar unverständlich; er wird auch nicht verständlicher, wenn man, wie die Benediktiner es tun, vor
ὑπόκεινται οὐκ einsetzt. Für uns ist das gleichgültig;
wichtig ist, daß Basilius berichtet, er taufe diese Leute
„*ἑνὶ λόγῳ*" wieder, während Amphilochius sie nicht wieder-
taufe (wenn sie zur Kirche kämen). „*Εἰ δὲ παρ᾽ ὑμῖν
ἀπηγόρευται τὸ τοῦ ἀναβαπτισμοῦ, ὥσπερ οὖν καὶ παρὰ
Ῥωμαίοις, οἰκονομίας τινὸς ἕνεκα · ἀλλ᾽ ὁ ἡμέτερος
λόγος ἰσχὺν ἐχέτω.*" Er nennt sie eine Häresie, einen
Schößling der Marcioniten. Sie verabscheuen die Ehe,
verschmähen den Wein und sagen, daß die Schöpfung
Gottes besudelt sei. Und wenn sie auch sagen: wir sind
auf Vater, Sohn und heiligen Geist getauft, so sei doch
ihr Gott der Schöpfer des Bösen.[2]) Hieraus lernen wir,

---

[1]) ep. 199. Migne, Patrologia Graeca 32, 729 C. 732 A.

[2]) Beachtenswert ist auch der Satz der ersten epistola cano-
nica vom Jahre 374 (ep. 188, Migne, Patrologia Graeca 32, 668 B):
*Πλὴν ἀλλ᾽ ἔδοξε τοῖς ἀρχαίοις, τοῖς περὶ Κυπριανὸν λέγω καὶ
Φιρμιλιανὸν τὸν ἡμέτερον, τούτους πάντας μιᾷ ψήφῳ ὑποβαλεῖν,
Καθαροὺς καὶ Ἐγκρατίτας καὶ Ὑδροπαραστάτας · διότι ἡ μὲν ἀρχὴ τοῦ
χωρισμοῦ διὰ σχίσματος γέγονεν.* In einigen Ausgaben ist noch

daß es um 375 in Kappadozien sowohl wie Lycaonien
Enkratiten, Sakkophoren, Apotaktiten gab; daß Basilius
sie gewissermaßen als e i n e Häresie ansah und von ihrer
Verwandtschaft mit den Marcioniten eine Vorstellung
hatte. An ihrem häretischen Charakter zweifelt weder er
noch scheint Amphilochius daran gezweifelt zu haben.
Nur war das Verhalten bei ihrer Aufnahme in die Kirche
in den verschiedenen Landschaften ein verschiedenes.
Sie tauften wie die Kirche; aber ihre negative Stellung
zur κτίσις ließ sie als Häresie erscheinen. Wir können
wohl vermuten, daß sie außerdem durch nichts von der
Kirche unterschieden waren. Das große Ansehen, das
Basilius in der griechischen Kirche genoß, ist der Grund,
warum seine Anschauung noch öfter wiederholt wird.
So rechnet der Presbyter von Konstantinopel Timotheus
(in der 2. Hälfte des sechsten Jahrhunderts) [1]) in seiner
Schrift de receptione haereticorum zu den Wiederzutaufenden: Σαχχοφόροι καὶ Ἀποτακτῆται (al. Ἀποταχ-
τίται) καὶ Ἐγκρατῆται ἤγουν Ὑδροπαραστάται, und
beschreibt sie im Anschluß an Theodoret [2]): Οὗτοι ἀντὶ
οἴνου ὕδωρ τῷ θεῷ προσφέρουσι · διὰ τοῦτο καὶ
Ὑδροπαραστάται καλοῦνται. Τὸν γάμον πορνείαν προς-

ἀπυτακτίτας hinzugefügt; die von den Benediktinern benutzten Handschriften bieten es nicht.

[1]) KRUMBACHER (EHRHARD), Geschichte der byzantinischen
Literatur 2. Aufl., S. 59.

[2]) Herausgegeben in Cotelerius, Ecclesiae Graecae Monumenta, III, Paris 1686. p. 379.

[3]) Haereticarum fabularum compendium I, 20, Migne Patrologia Graeca 83, 369.

*αγορεύουσι · τὰ παρὰ ϑεοῦ παρασχεϑέντα, ὡς πο-
νηρὰ μυσαττόμενοι. Οὗτοι ἀρχηγὸν τῆς αἱρέσεως
ἔσχον ἕνα*[1]*) τῶν μαϑητῶν Ἰουστίνου τοῦ φιλοσόφου
καὶ μάρτυρος. Φασὶ δὲ ὅτι μετὰ τὸ μαρτύριον τοῦ ἁγίου
Ἰουστίνου ἀποστὰς τῆς ἐκκλησίας, ἐφεῦρε ταύτην τὴν
αἵρεσιν.* In der Fassung der Schrift, die Cotelier ex Niconis
Pandecte herausgegeben hat, nennt Timotheus unter derselben Rubrik der Wiederzutaufenden: *Σακκοφόροι οἱ
καὶ Ἀποτακτῖται.*[2]*)* In der von Fr. Combefis herausgegebenen Fassung heißt es[3]): *Ἀκκαοφόροι*[4]*) οἱ καὶ
Ὑδροπαραστάται, ἀπόσπασμα τῶν Τατιανοῦ ὑπάρχοντες·
οὗτοι ἀντὶ οἴνου ὕδωρ τῷ ϑεῷ προςφέρουσιν ὅϑεν
καὶ Ὑδροπαραστάται κέκληνται.* Von Apotaktiten ist
hier nicht die Rede. Die Männer, die die kanonischen
Briefe Basilius' des Großen in ihre Sammlungen aufgenommen haben, nennen auch *Ἐγκρατῖται, Σακκοφόροι
καὶ Ἀποτακτῖται* als Wiederzutaufende, so der Magister
und Logothet Symeon (um 1000)[5]) in seiner Epitome
canonum[6]), und Alexius Aristenus (zwölftes Jahrhundert)[7])
in seiner Synopsis canonum.[8]) Man würde irren, wenn

---

[1]) Theodoret, der wieder von Epiphanius Panarion, haer. 46
abhängig ist, nennt Tatian.
[2]) a. a. O. p. 421 A.
[3]) Historia haeresis Monotheletarum, Paris 1648, col. 452.
[4]) Das Wort für Aquarii zu nehmen, wie COMBEFIS will, ist
natürlich unmöglich.
[5]) KRUMBACHER, a. a. O., S. 607.
[6]) Herausgegeben in G. Voelli & H. Justelli Bibliotheca
iuris canonici II, p. 740.
[7]) KRUMBACHER, a. a. O., S. 607.
[8]) Herausgegeben in der Bibl. iur. canon. II, p. 708. Beide

man aus diesen Anschauungen schließen wollte, die bezeichneten Häresien hätten sich so lange Zeit erhalten;
ihre Namen sind nur von einem Buch in das andere
übertragen worden.

Eigne Kenntnis der Apotaktiten besitzt Makarius
Magnes. Porphyrius hatte 1. Tim. 4, 1—3 angeführt zum
Beweise, wie sich Paulus in seinen Anschauungen und
Anordnungen über das jungfräuliche Leben in Wider-
sprüche verwickle.[1]) Demgegenüber verteidigt Makarius
den Paulus und legt die kirchliche Anschauung vom
Wert der Jungfräulichkeit dar.[2]) Dabei muß er auch
1. Tim. 4, 1—3 erklären und hier kommt er auf Häresien zu sprechen, deren Führer außer dem Verbote zu
heiraten oder sich heiraten zu lassen auch noch die Enthaltung von Speisen erfunden haben, um für sich Propaganda zu machen und berühmte Leute zu werden. Er
vergleicht diese Häresien mit falschem Gelde, um den
Wert des echten Geldes, d. h. also der Kirche mit ihrer
Anschauung von der Jungfräulichkeit in das rechte Licht
zu stellen. Er fährt dann fort: — die Stelle ist so wertvoll und interessant, daß sie abgedruckt zu werden ver-

---

nehmen auch aus der ersten epistola canon. des Basilius die
Worte auf: τὸ τῶν καθαρῶν καὶ ὑδροπαραστατῶν, καὶ ἐγκρατιτῶν
βάπτισμα, εἰ καὶ ἄδεκτον διὰ τὸ ἐπιλεῖψαι αὐτοῖς τούτοις τὸ πνεῦμα
τὸ ἅγιον, ἀλλ᾽ οὖν οἰκονομίας χάριν ἔστιν δεκτόν. Bibl. iur. canon.
II, p. 705. 737.

[1]) Macarii Magnetis, Ἀποκριτικὸς ἢ μονογενής, ed. C. BLONDEL.
Paris 1876, p. 131.

[2]) p. 148 ff.

dient [1]): εἰκῇ ῥητορεύουσι (die Häretiker) καὶ μάτην
σοφίζονται τὴν κτίσιν ὑβρίζοντες καὶ τὰ κτίσματα τοῦ
Θεοῦ διαβάλλοντες, τὰ γενόμενα μὲν εἰς ἀπόλαυσιν καὶ
τροφήν, οὐκ εἰς ὕβριν καὶ κόρον καὶ ζωῆς ἀταξίαν, ἀλλ'
εἰς εὐχαριστίαν τοῖς πιστοῖς καὶ μετάληψιν. Τοιοῦτοι δὲ
Μανιχαίων παῖδες ἐξεφοίτησαν · τοιαύτας αἱρέσεις
ἡ τῶν Πισσιδέων ἔχει καὶ τῶν Ἰσαύρων χώρα, Κιλικία
τε καὶ Λυκαονία καὶ πᾶσα Γαλατία, ὧν καὶ τὰς ἐπω-
νυμίας ἐργῶδες ἀπαγγεῖλαι · Ἐγκρατηταὶ γὰρ καὶ
Ἀποτακτῖται καὶ Ἐρημῖται καλοῦνται, οὐ Χριστι-
ανοί τινες, οὐδὲ πρόσφυγες τῆς οὐρανίου χάριτος, πίστεως μὲν εὐαγγελικῆς ἀποστάται καὶ ἀπόδημοι, τῇ δὲ
τῶν βρωμάτων ἀποχῇ, τῆς εὐσεβείας ἐγείρειν λέγοντες
τὴν ἀκρόπολιν. Ἀμέλει Δοσίθεος ὁ κορυφαῖος παρ'
αὐτοῖς, Κίλιξ τὸ γένος ὑπάρχων, δι' ὀκτὼ βιβλίων ὅλων
κρατύνει τὸ δόγμα καὶ λαμπρότητι λέξεων μεγαλύνει
τὸ πρᾶγμα, ἄθεσμον ἔργον καὶ λίαν παράνομον ἀπο-
θρυλλῶν τὸν γάμον, λέγων „Διὰ μὲν κοινωνίας ὁ
κόσμος τὴν ἀρχὴν ἔσχε · διὰ δὲ τῆς ἐγκρατείας τὸ τέλος
θέλει λαβεῖν." Οἴνου δὲ γεῦσιν καὶ κρεῶν μετάληψιν
μυσαρὸν εἶναι λέγει καὶ πάμπαν στυγητόν, ὄντως καυ-
τῆρα πικρὸν ἀφειδῶς ἐπαίρων τοῖς τερπομένοις αὐτῷ.
Τοιούτῳ γὰρ λόγῳ πᾶσα μὲν ἡ κτίσις κατ' αὐτὸν ἐπά-
ρατος, πᾶσα δ' ὕποπτος ἡ ζωὴ καὶ πᾶσιν ἐπιβλαβής ·
ὅθεν οἱ τοιοῦτοι τῷ θείῳ προσέκρουσαν τῶν δημιουργη-
μάτων τὸ κάλλος ὑβρίσαντες καὶ οὐδὲν οὐδαμοῦ τὸ
κοινὸν ὠφέλησαν, κἂν παρθενεύειν, κἂν τὴν ἄκραν

---

[1]) p. 151 f.

σωφροσύνην ἐν βίῳ διδάσκωσι. Den Cilicier Dositheus
nennt Makarius noch einmal.[1]) Porphyrius hatte gesagt [2]):
Das Wort Christi Matth. 24, 5: viele werden in meinem
Namen kommen und sagen: ich bin Christus, träfe gar
nicht zu; es wäre ja gar niemand gekommen, außer
etwa Apollonius von Tyana; und der sei Philosoph gewesen. Makarius verweist ihn auf Manes in Persien,
Montanus in Phrygien. *Τί σοι περὶ Κηρίνθου καὶ
Σίμωνος ἢ Μαρκίωνος ἐρῶ ἢ Βαρδησάνου ἢ Δροσερίου
ἢ Δοσιθέου τοῦ Κίλικος ἢ μυρίων ἄλλων ὧν ὀκνῶ
λέγειν τὸ πλῆθος; .., αὐτίκα γοῦν ὡς Ἀντιχρίστοις
ἢ ἀντιθέοις οἱ τούτοις πειθόμενοι οὐκέτι. Χριστιανοὶ
χρηματίζειν ἐθέλουσιν, ἀλλ' ἐπ' ὀνόματι τῶν ἐξάρχων
φιλοῦσιν ὀνομάζεσθαι Μανιχαῖοι καὶ Μοντανῖται καὶ
Μαρκιωνισταὶ καὶ Δροσεριανοὶ καὶ Δοσιθεανοί.* Über
diesen Dositheus wissen wir leider weiter nichts; mit
dem von Socrates, historia ecclesiastica VII, 36 genannten Dositheus von Seleucia hat er nichts zu tun [3]);

---

[1]) p. 184.
[2]) p. 163.
[3]) Migne, Patrologia Gr. 67, 820 B: *Δοσίθεον τὸν Σελευκείας
ἐπίσκοπον Ἀλέξανδρος ὁ Ἀντιοχείας ἐπίσκοπος εἰς Τιρσὸν τῆς
Κιλικίας μετήγαγεν.* — Die Realencyklopädie, 5³, S. 2, begeht die
Verwechslung, die Angaben des Macarius Magnes auf Sozomenus
zurückzuführen. Doch auch die Nachricht, die Sozomenus hist. eccles.
5, 11 (Migne 67, 1248 B) gibt, ist wertvoll; sie nennt einen zur
Sekte der Enkratiten gehörigen Busiris in Ancyra (Galatien) und
erzählt von ihm, dafs er zur Zeit Julians *λαμπρὰν καὶ ἀνδρειοτάτην
ὁμολογίαν ὑπομεῖναι διὰ τὴν θρησκείαν.* Er sei ergriffen worden
wegen seiner Schmähungen gegen die Heiden; habe die Folter
standhaft erduldet; als Julians Tod verkündet worden sei, wäre er
aus dem Gefängnis befreit worden, hätte seine frühere Häresie

ebenso wenig mit dem Dositheus, episcopus Seleuciae,
den der liber praedestinatus als Bekämpfer der Sabellianer
nennt.[1]) Wie seine Verwandtschaft mit dem Samariter
Dositheus zu erklären ist, hat bisher noch niemand untersucht; jedenfalls ist er nicht mit diesem zu identifizieren
und nicht in apostolische Zeit zu versetzen. Dagegen
läßt sich mit Sicherheit annehmen, daß einige der Züge,
die Epiphanius seinen Dositheern gegeben hat [2]), entlehnt
sind von den Dositheanern des vierten Jahrhunderts.. Aber
den Cilicier Dositheus kennt er nicht; ein genügender
Grund für die Annahme, dieser habe nicht im vierten
Jahrhundert gelebt, ist das nicht.[3]) Für unsere Zwecke
ist die Erkenntnis wichtig, daß die Dositheaner von
Makarius Magnes angesehen wurden als ein Zweig e i n e r
großen Häresie, die ihr hauptsächliches Merkmal in der
negativen Stellung zur κτίσις hatte. Darum ist diese in
verschiedene Zweige auseinandergehende Häresie auch
nicht christlich; er leitet sie ab von den Manichäern;
vielleicht steht er mit dieser Anschauung unter dem Ein-
drucke der oben erwähnten Gesetze Theodosius' des
Großen gegen die Manichäer. Denn daß wir seine
Schrift an das Ende des vierten oder den Anfang des

---

verdammt und wäre zur katholischen Kirche übergetreten. Sozomenus führt die Erzählung mit φησί ein, wohl zur Entschuldigung,
dafs er von einem Häretiker so Rühmliches berichte. Kontrollieren
können wir die Erzählung nicht; Sokrates hat sie nicht.

[1]) haer. 41.

[2]) PANARION, haer. 13; vgl. dazu ZAHN, in der Zeitschrift
für Kirchengeschichte, II, S. 457. 458.

[3]) Vgl. darüber HARNACK, Geschichte der altchristlichen Literatur, I, S. 202.

fünften Jahrhunderts zu setzen haben, unterliegt wohl
keinem Zweifel.

In eine etwas frühere Zeit führt uns das Zeugnis für
die Apotaktiten, das wir im Martyrium des Theodotus
von Ancyra besitzen.[1]) Der Verfasser, ein gewisser Nilos
(Νεῖλος) will mit dem Weinhändler Theodot im Gefäng-
nisse zusammen gewesen sein; er gibt sich als Zeitge-
nossen; daß er selber ein Ancyraner gewesen ist, wird
aus seiner Erzählung ersichtlich. Franchi[2]) setzt das
Martyrium in die diokletianische Verfolgung, und zwar
auf Frühling 303. Die Erzählung macht es wahrscheinlich,
daß sie nicht sehr bald nach dem Tode Theodots nieder-
geschrieben ist.[3]) Sie zeigt in der Tat, daß des Verfassers Erinnerungen sich bedenklich mit Produkten seiner
Phantasie vermengt haben. Wir werden etwa die Mitte
des vierten Jahrhunderts als Abfassungszeit annehmen
können. Er berichtet[4]) von 7 Jungfrauen ἐκ νεαρᾶς
ἡλικίας ἀσκούμεναι, αἵτινες τὴν σωφροσύνην[5]) πρὸ
πάντων τιμήσασαι καὶ τὸν φόβον τοῦ θεοῦ πρὸ ὀφ-
θαλμῶν ἔχουσαι. Sie werden ergriffen, sollen um ihre

---

1) Jetzt neu herausgegeben von P. Franchi de' Cavalieri in
J Martirii di S. Teodoto e di S. Ariadne con un' appendice sul
testo originale del martirio di S. Eleuterio, Roma, 1901 (Studi e
testi 6) dazu HARNACK in der Theologischen Literaturzeitung 1902,
358—361.

2) a. a. O., S. 25 ff.

3) Vgl. FRANCHI, a. a. O., p. 45 ff.

4) cap. 13 ff. FRANCHI, p. 69 ff.

5) Das mufs ein terminus technicus für „christliches Leben"
gewesen sein, auch gerade für die asketische Form desselben; vgl.
die oben zitierte Stelle aus des Makarius Magnes Ἀποκριτικός.

Jungfräulichkeit gebracht werden, bewahren sie aber;
werden dafür nackt mit den Götterbildern der Artemis
und Athene durch die Stadt gefahren, um die jährliche
Waschung der Götterbilder in dem nahen Teiche zu
vollziehen. Da sie sich weigern, den Göttern zu dienen,
werden sie mit Steinen um den Hals in den Teich ver-
senkt. Die παρϑένοι sind alt; Tekusa erklärt, daß sie
älter als 70 Jahre sei; die übrigen wären in demselben
Alter. Von dreien dieser Jungfrauen, von Tekusa, die
als die Führerin geschildert wird, Alexandria und Phaeine,
sagt Nilus: ταύτας οἱ ἀποτακτῆται λέγουσιν ἰδίας εἶναι,
κατὰ ἀλήϑειαν δέ εἰσιν.[1]) Daß hier unter Apotaktiten
wirklich die Häretiker zu verstehen sind,. scheint mir
keinem Zweifel zu unterliegen.[2]) Dann ist aber in dem
zweiten Satze etwas nicht in Ordnung; Tillemont[3]) ver-
mutet den Ausfall von οὐκ, Franchi[4]) von καϑολικαί;
man kann auch ἡμῶν ergänzen. Es scheint mir nicht
zweifelhaft zu sein, daß der Verfasser der katholischen
Kirche angehört. Dadurch erhält die Notiz einen besonderen Wert. Sie zeigt, daß damals — etwa um die
Mitte des vierten Jahrhunderts — die Apotaktiten Jungfrauen zu den ihren rechnen konnten, an deren katho-
lischem Charakter die Katholiken nicht zweifelten. Wir
werden nicht sagen dürfen, daß sie kein Recht gehabt

---

[1]) cap. 19; FRANCHI, p. 73, 21. 22.
[2]) Vgl. darüber FRANCHI, p. 38 f. und die dort angeführte
Literatur.
[3]) Mémoires V, 662.
[4]) p. 39.

haben, sie für sich in Anspruch zu nehmen; sie mochten als die strengen Christen vom Volke angesehen werden, während die Vertreter der Kirche an ihrem häretischen Charakter schon nicht mehr Zweifel hatten. Ist diese Deutung richtig, so ist diese kurze Notiz für die Kenntnis der religiösen Verhältnisse in Ancyra um die Mitte des vierten Jahrhunderts — und wenn wir sie kombinieren mit anderen Nachrichten über die Apotaktiten — für die Kenntnis der religiösen Verhältnisse eines großen Teiles von Kleinasien, überaus kostbar.

Aus den bisher beigebrachten Zeugnissen geht hervor, daß die Apotaktiten im 4. Jahrhundert in Kleinasien eine ziemlich große Verbreitung gehabt haben müssen. Um so mehr würde es uns wunder nehmen, wenn der große griechische Ketzerbestreiter des vierten Jahrhunderts Epiphanius von Salamis, sie nicht kännte. Den Namen hat er freilich nicht; aber es ist wohl nicht zweifelhaft, daß er in seinem Panarion, haeresis 61 unter den Häretikern, die sich Ἀποστολικοί und auch Ἀποτακτικοί nennen, die Häretiker versteht, die von anderen Apotaktiten genannt werden. Es ist vielleicht mehr als eine bloße Vermutung, daß der ursprüngliche Text des Epiphanius auch Apotaktiten gekannt hat. Denn Augustin, der in seinem liber de haeresibus [1] cap. 40 des Epiphanius Ἀνακεφαλαίωσις ausschreibt [2], sagt, daß die Apostolici

---

[1] Im Corpus haereseologicum, ed. Fr. Öhler, I, p. 203.
[2] Corpus haereseol., II a, p. 571; vgl. aber auch die Synopsis in I b, p. 7. Augustin hat freilich auch einige Angaben, die auf das Panarion zurückzugehen scheinen.

auch Apotactitae genannt werden; sie ähneln den Encra-
titen, und in cap. 53 spricht er von Encratitae vel Apotactitae.[1]) Es ist schwer zu glauben, daß Augustin diesen
Namen gebrauchen würde, wenn er ihn nicht in seiner
Vorlage gefunden hätte. Der Liber haereseon des Filastrius,
den Augustin öfters zitiert, kennt ihn nicht. Die Handschriften des Epiphanius geben freilich für diese Vermutung keinen Anhalt. Auf Epiphanius' Anakephalaiosis,
resp. auf die Synopsis geht wieder zurück die kurze Angabe, die Johannes Damascenus in seiner Zusammenstellung der Häresien bringt.[2]) Eine selbständige Kunde
verrät er nicht. Daß wir ein Recht haben, die Apostolici,
resp. Apotactici des Epiphanius mit den Apotaktiten zu-
sammenzustellen, geht aus dem hervor, was er über sie
berichtet. Er nennt sie ἀπόσπασμα τῶν Τατιανοῦ δογμάτων, Ἐγκρατιτῶν τε καὶ Τατιανῶν καὶ Καθαρῶν[3]),
οἵτινες φύσει νόμον οὐ παραδέχονται (das kann sich
doch nur auf das Naturgesetz beziehen, das sie nicht annehmen wollen). Er sagt weiter von den Apostolikern
aus, daß die Mysterien bei ihnen verändert sind; das
bezieht sich wohl darauf, daß sie bei dem Abendmahle
Wasser gebrauchen, und wir werden hier erinnert an die
oben genannten Hydroparastaten[4]) (die übrigens Epiphanius
nirgends nennt). Er schreibt ihnen Besitzlosigkeit zu; sie

---

[1]) Bei ÖHLER, I, p. 212.
[2]) περὶ αἱρέσεων; haer. ξα', Migne, Patrologia Graeca, 94,
713 B.
[3]) haer. 61, 1.
[4]) Vgl. darüber KRÜGER in der Real-Encyklopädie, ² 8, 500.

zerspalten und schädigen die Kirche durch ihren selbst-
erwählten Gottesdienst.[1]) Sie nehmen keine Gefallenen
auf. Hierzu dient zur Ergänzung, was die Anakephalaiosis
und Synopsis sagen: daß sie nur ἀποτακτικοί aufnehmen.
Über die Ehe und über die ἄλλα πράγματα denken sie
wie die oben genannten Häretiker. Leider sagt Epiphanius
nicht, was er unter diesen ἄλλα πράγματα verstanden
haben will. Daß sie die Ehe verwerfen (τῷ γάμῳ
ἀποταξάμενοι), geht aus seinen Ausführungen deutlich
hervor. Es scheint auch, als ob sie mit Leuten, die in
der Ehe lebten, keine Gemeinschaft haben wollten.[2])
Auch von Speisen enthalten sie sich.[3]) Da Epiphanius
sie ausdrücklich mit den Tatianern und Enkratiten zusammengestellt hat, so wird man wohl annehmen dürfen,
daß er die Enthaltung von Fleisch, die er den Enkratiten
zuschreibt, und die Enthaltung von Wein beim Abend-
mahl, die er den Enkratiten und Tatianern zuschreibt,
auch von ihnen aussagen will. Wenn er in der Ἀνακεφαλαίωσις berichtet[4]), daß sie den Enkratiten ähnlich
sind, aber doch auch Verschiedenheiten aufzeigen, so bezieht sich das wohl auf den gnostischen Unterbau, den
er den Enkratiten[5]) gegeben hat. Davon sagt er bei den
Apotaktikern nichts. Die Zusammenstellung mit den
Katharern (Novatianern) ist etwas rätselhaft; sie geht wohl
zurück auf ihre ablehnende Stellung gegen die Gefallenen

---

[1]) Anakephalaiosis, ÖHLER IIa 570: καθ᾽ ἑαυτοὺς δὲ εὐχόμενοι.
[2]) haer. 61, 4.
[3]) haer. 61, 3.
[4]) ÖHLER II a, S. 570, ebenso in der Synopsis, ÖHLER, I b, S. 6.
[5]) haer. 47; ÖHLER I b, p. 9.

und gegen die zweite Ehe. Epiphanius hat uns weiter
die wertvolle Notiz hinterlassen, daß, während die
Katharer sich nur der kanonischen Schriften bedienen,
die Apostoliker sich eifrig auf die sogenannten Πράξεις
des Andreas und Thomas berufen. Ganz ähnlich berichtet
er von den Enkratiten, daß sie die sogenannten Πράξεις
des Andreas, Johannes und Thomas und einige Apokryphen
sehr schätzen.[1]) Es ist sehr beachtenswert, daß Epiphanius
auch von anderen seiner Häresien, denen er Verachtung
der Ehe und Verwerfung des Weingenusses nachsagt, erzählt, sie benutzten apokryphe Bücher. So benutzen
nicht nur die Origenianer die sogenannten Πράξεις des
Andreas und der anderen (Apostel)[2]); sondern auch von
den Severianern hat Epiphanius gehört, daß sie einige
apokryphe Bücher gebrauchen.[3])

Auch über die Verbreitung der genannten Häresien
zu seiner Zeit hat uns Epiphanius wertvolle Kunde hinterlassen: Von den Tatianern sagt er, daß sie in Antiochia
ad Daphnen, in Cilicien und besonders in Pisidien verbreitet
gewesen, zu seiner Zeit aber ausgestorben wären.[4]) (Wir
werden Epiphanius' Worte so deuten dürfen, daß es Häretiker, die sich Tatianer nannten, niemals gegeben hat.)
Von den Enkratiten aber, den Nachfolgern der Tatianer,
sagt er, daß sie auch noch zu seiner Zeit weit verbreitet
sind ἐν τῇ Πισιδίᾳ καὶ ἐν τῇ Φρυγίᾳ τῇ κεκαυμένῃ; sie

---

[1]) ÖHLER, I b, p. 9.
[2]) haer. 63, 2; ÖHLER, I b, p. 222.
[3]) haer. 45, 4; ÖHLER, I a, p. 706.
[4]) haer. 46, 1. 2; ÖHLER, I a, p. 710.

sind aber auch ἐν μέρεσι τῆς Ἀσίας, καὶ ἐν τῇ Ἰσαύρων καὶ Παμφύλων καὶ Κιλίκων γῇ, καὶ ἐν Γαλατίᾳ, ἤδη δὲ καὶ ἐπὶ τὸ τῶν Ῥωμαίων μέρος, ἀλλὰ καὶ ἐπὶ τῆς τῶν Ἀντιοχέων τῆς Συρίας, οὐ πάντῃ δέ.[1]) Und von den Apotaktikern sagt er im Panarion, daß sie ἐν ὀλίγῳ χώρῳ, περὶ τὴν Φρυγίαν τε καὶ Κιλικίαν καὶ Παμφυλίαν [2]) leben ; nach der Anakephalaiosis [3]) aber leben sie περὶ Πισιδίαν. Da auch diese Ortsbeschreibung mit der des Makarius Magnes im wesentlichen übereinstimmt, so werden wir auch kein Bedenken tragen, die Apotaktiker des Epiphanius mit den auch sonst genannten Apotaktiten zu identifizieren.

Im Vorstehenden ist das Material, das wir — soweit meine Kenntnis reicht — für die Geschichte der Apotaktiten haben, vollständig zusammengestellt.[4]) Für die Erklärung des oben angeführten Fragments ist es bedeutsam. Wir können mit Sicherheit annehmen, daß unter den μέρη ταῦτα, zu denen der oben genannte Gemellus nach dem Falle Simons von Rom aus kommt, Kleinasien oder eine von den bei (Basilius) Epiphanius und Makarius

---

[1]) haer. 47, 1; ÖHLER, I b, p. 8.
[2]) haer. 61, 2; ÖHLER, I b, p. 198.
[3]) ÖHLER, II a, p. 570; ebenso nach der Synopsis ÖHLER, I b, p. 6. ÖHLER setzt das Komma nach περὶ τὴν Πισιδίαν μόνον; es ist aber nach Πισιδίαν zu setzen.
[4]) Die Antitakten des Clemens von Alexandrien, Stromata 3, 4, Migne, Patrol. Gr. 8, 1137 scheinen nicht hierher zu gehören. Die Antitaktiten des 6. ökumenischen Konzils sind wohl nicht mit den Antitakten zu identifizieren; vielleicht liegt dort nur ein Schreibfehler vor und statt Ἀντιτακτῖται ist Ἀποτακτῖται zu lesen. Ist das richtig, so haben wir doch nicht anzunehmen, dafs es zur Zeit jener Synode noch häretische Apotaktiten gegeben hat. (Mansi, Conciliorum collectio XI, 504 A.)

6*

Magnes bezeichneten Landschaften gemeint ist. Darum
schreibt der Verfasser in Kleinasien.[1]) Weniger sicher
können wir uns über die Zeit der Abfassung seiner Rede
aussprechen. Er kennt, wie es scheint, die Beurteilung
der Apotaktiten nicht, die, wie Basilius es tat, sie mit
den Marcioniten, oder wie die kaiserlichen Edikte und
Makarius Magnes es taten, sie mit den Manichäern zu-
sammenstellte. Er hält sie zwar für ausgesprochene Häretiker; aber für gefährliche Feinde der Kirche scheint er
sie nicht zu halten. Diese Betrachtungsweise ist jedenfalls
vor den kaiserlichen Edikten verständlicher als nach ihnen.
Noch ein anderes kommt dazu. Damit, daß er von
Pseudo-Apotaktiten spricht, zeigt er, daß der Name Apotaktiten allein einen ketzerischen Beigeschmack noch nicht
hatte. Das mußte ganz anders werden, nachdem sie offiziell
mit den Manichäern zusammengeworfen waren. Das Zeugnis der sogenannten peregrinatio Silviae braucht hiergegen
nicht angeführt zu werden, da wir ihre Zeit nicht so genau
bestimmen können, daß sie notwendig nach 383 fallen
muß. Am besten läßt sich das Zeugnis des Martyrium
Theodoti, wenn wir es richtig erklärt haben, mit der
Stimmung unseres Fragmentes in Zusammenhang bringen.
Erst Spaltungen, die unter den Apotaktiten hervortraten,
haben ihre Häresie bemerkbar gemacht. Ja, es scheint,
als ob der Redner andeuten wollte, daß ein Grund zur
Trennung von der Kirche für sie gar nicht vorhanden sei.
Vielleicht ist er selbst ein ἀποτακτίτης; aber ein kirch-

---

[1]) Man möchte das Fragment in die Nähe des Amphilochius
von Ikonium setzen.

licher; und hat die Anschauung, wie Epiphanius[1]), daß
die Kirche ja auch die ἀπόταξις habe. Es scheint
darum, als ob der Autor in einer Zeit geschrieben habe,
in der sich das Mönchtum in Kleinasien schon fest ein-
gebürgert hat, oder wenigstens eben im Begriffe war, sich
fest einzubürgern. Genaueres darüber läßt sich leider
aus unserm Fragment nicht entnehmen.

Es läßt sich aber noch anderes aus den angeführten
Zeugnissen zur Erklärung des Fragments herbeiziehen.
Daß sie Priester haben, geht aus dem χειροτονεῖν hervor,
das Gemellus ausgeübt haben soll. Wenn dieser auch
nach der Anschauung des Autors nicht getauft war, so
will es damit doch nicht sagen, daß sie die Taufe nicht
hatten. Basilius berichtet uns sogar, daß sie auf den
Vater, Sohn und Geist tauften. Wenn wir seine Worte
richtig verstehen, so spricht der Fragmentist sogar von ihrer
Kirche; sie waren also kirchlich organisiert. Daneben
spricht er freilich davon, daß Gemellus bei seinem Auftreten „πάντα κακουργεῖν τὰ μυστήρια τῶν χριστιανῶν".
Nach den angeführten Zeugnissen kann sich das nur
darauf beziehen, daß sie, ihrer Abneigung gegen den Wein
entsprechend, im Abendmahle Wasser statt Wein verwen-
deten.[2]) Von den Enkratiten sagt Epiphanius: κέχρηνται

---

[1]) haer. 61, 4; ÖHLER, I b, p. 200.
[2]) Darauf ist doch wohl der singuläre Ausdruck ὑδαρεύεσθαι
(Epiph., Panarion, haer. 61, 7; ÖHLER, I b, p. 206) zu beziehen.
Epiphanius spricht von ὑδρευόμενοι ἐν τῇ ἐκκλησίᾳ, die von der
kirchlichen Anschauung ausgeschlossen werden. Die Erklärung von
Stephanus im Thesaurus und die Übersetzung Petaus bei ÖHLER
scheint mir nicht richtig zu sein.

δὲ καὶ αὐτοὶ μυστηρίοις δι᾽ ὕδατος[1]); und auch von
Tatian sagt er: *ὕδατι δὲ μόνῳ χρώμενος ἐν τοῖς αὐτοῖς
μυστηρίοις.*[2]) Daraus haben die Späteren eine besondere
Sekte der Aquarii gemacht.[3]) Auch das sagt unser Fragmentist, daß sie auf jeden Besitz verzichteten. Kann man
dies schon aus den Worten schließen: *πάντων τῶν ἀγαθῶν ὑστερηθέντες*, so noch viel mehr aus seiner Erzählung, daß sie diejenigen von sich stießen, die Tiere
im Besitz hatten. Daß er die Enthaltung von der Ehe
nicht erwähnt, wird man darauf zurückführen dürfen, daß
er selber ein Apotaktiker, aber ein kirchlicher Apotaktiker war.

Freilich für den Namen Gemelliten findet sich in den
angeführten Zeugnissen keine Analogie; es geht auch
nicht an, anzunehmen, daß er von dem Fragmentisten
gewählt worden sei, um damit die unter den Apotaktiten
auftretenden Spaltungen zu bezeichnen; er sagt ja selber,
daß Gemelliten ihr Beiname sei. Aber wie leicht unter
ihnen Spaltungen entstehen konnten, und wie geringfügig
die Ursachen dazu waren, zeigt seine Erzählung, daß sie
sich wegen des Tragens von wollenem oder grobem Zeug
getrennt haben.[4]) Wir haben keinen Grund, zu zweifeln,

---

[1]) haer. 47, 1; ÖHLER, I b, p. 8.
[2]) haer. 46, 2; ÖHLER, I a, p. 710.
[3]) So FILASTRIUS, haer. 49 (77); Corpus Scriptorum ecclesiasticorum Latinorum, 38, p. 40, und nach ihm Augustin, liber de
haeresibus, haer. 64 (Corpus haereseologicum I, p. 215) u. a. Das
sind die *ὑδροπαραστάται*, von denen oben die Rede war. .
[4]) KRÜGER in der Real-Encyklopädie ³, 8, p. 500 vergleicht
zu den Saccophori die Messalianer in Mesopotamien, von denen

daß es Häretiker gegeben habe, die Gemelliten genannt
wurden. Wie mannigfaltig die Namen waren, die für
Häretiker von anderen angewendet wurden oder die sie
sich selbst gaben, lehrt der Name Apostolici für die Apotaktiten. Außer Epiphanius berichtet uns niemand von
diesem Namen. Wie schnell eine neue Sekte entstehen
konnte, zeigt des Epiphanius Bericht über die Aërianer.[1]
Noch das ganze vierte Jahrhundert hindurch muß Kleinasien mit den verschiedenartigsten Sekten erfüllt gewesen
sein.[2] Die Begründung der Reichskirche durch Constantin
hat die Sektenbildung nicht gehindert; sie brachte vielmehr einen neuen und zwar bedeutenden Faktor hinzu.
Und nicht nur um die Lehre, sondern auch um die
Art des christlichen Lebens handelte es sich. Erst die
Vollendung der Reichskirche durch Theodosius den
Großen hat der Sektenbildung energisch entgegengearbeitet.
Es ist nicht ohne Interesse zu beobachten, daß die Ab-
weisung des Arianismus mit der Aufnahme des Mönch-

Epiphanius (Haer. 80, 6, ÖHLER, II a, p. 472) sagt: κώμας γυναικικὰς
προβαλλόμενοι, καὶ σάκκῳ προφανεῖ ἐπερειδόμενοι.

[1] haer. 75.

[2] Wie es im Innern von Kleinasien ausgesehen haben mag,
lehrt der Canon, den man als siebenten der sog. 2. allgemeinen
Synode von Konstantinopel 381 zuschreibt. Hier findet sich der
bemerkenswerte Satz: ἐπειδὴ πολλοί εἰσιν (sc. Häretiker) ἐνταῦϑα
(wo?), μάλιστα οἱ ἀπὸ τῆς Γαλατῶν χώρας ἐρχόμενοι. Dafs der
Canon der 2. allgemeinen Synode nicht angehört, scheint mir
sicher zu sein; nicht so sicher, dafs er etwa 80 Jahre jünger sei.
Er scheint mir in die Nähe der epistolae canonicae des Basilius
zu gehören. Die Bestimmungen über das Verhalten bei Aufnahme
von Häretikern bedürfen einer gründlichen Würdigung. Über den
Canon vgl. HEFELE, Konziliengeschichte, II², S. 26—28.

tums parallel geht. Der Arianismus hatte für das Mönchtum kein Interesse. Die Reichskirche nahm die asketische
Strömung in sich auf und entzog dadurch jenen Sekten,
die wir als Apotaktiten kennen gelernt haben, den Lebens-
boden. Diejenigen, die sich nicht der Kirche anschließen
wollten, wurden zu Häretikern gestempelt. Wohl schon
wegen ihrer ablehnenden Haltung gegen die Kirche
sagte man ihnen eine negative Stellung zur Schöpfung nach
und warf sie mit den Manichäern zusammen. Es ist mir
nicht zweifelhaft, daß die Kirche mit dieser Beurteilung
im Grunde genommen Recht gehabt hat. Mochte den
Apotaktiten selber nicht zum Bewußtsein kommen, daß
die Prinzipien ihrer Lebensweise zur Negation der κτίσις
im allgemeinen führten — bei volkstümlichen Bewegungen
sind wohl nur die Führer sich über die Prinzipien klar —,
so gehörte für einen, der die Bewegung objektiv be-
trachtete, nicht viel Scharfsinn dazu, um das zu erkennen,
und für einen, der ihr feindlich entgegentrat, noch viel
weniger. Politiker, wie Theodosius der Große, konnten
derartige Sekten nicht gebrauchen; sie mochten über sie
wie Makarius Magnes das Urteil fällen: οὐδὲν οὐδαμοῦ
τὸ κοινὸν ὠφέλησαν.[1] Erst dadurch, daß die weltförmige
Kirche das weltflüchtige Mönchtum zwang, in ihren Dienst
zu treten, wurde die von derartigen Strömungen drohende
Gefahr beschworen. Die positive Stellung zur Welt,
wie sie in der Kirche vorhanden war, wurde dadurch

---

[1] ed. BLONDEL, p. 152.

verbunden mit den religiösen Kräften der weltflüchtigen
Stimmung.

Damit haben wir schon das nötige über die Geschichte
der Apotaktiten gesagt. Wollten wir die Frage nach
ihrer Entstehung zu beantworten suchen, so würden wir
weit vom vierten Jahrhundert abgeführt werden. Unter
den Christen haben sich doch sehr bald Spuren einer
negativen Stellung zur Welt gezeigt; aber ebensobald hat
sich die Erkenntnis herausgestellt, daß sie unchristlich sei,
denn schon 1. Tim. 4, 3—6 bekämpft sie.[1]) Da wir es
für richtiger halten, den Namen Apotaktiten als Sammel-
namen für die Anhänger dieser Anschauung zu nehmen,
denn als Bezeichnung einer einzelnen Sekte — wir geben
damit der Beurteilung des Fragmentisten im Grunde recht,
— so müßte die Geschichte der Enkratiten, wie auch
anderer Bildungen hier hereingezogen werden. Daß man
diese negative Stellung zur Welt gnostisch nennen konnte
und auch wirklich genannt hat, brauchen wir nicht erst
zu belegen.

Es erübrigt noch, auf den in unseren Fragmenten genannten Gemellus zu sprechen zu kommen. Daß er der
Stifter der Gemelliten gewesen sei und sich einen Apotaktiten genannt habe, brauchen wir dem Autor nicht zu
glauben. Sein Name wird genannt, weil es zur Zeit des Ver-

---

[1]) So urteilt auch KRÜGER im Artikel Enkratiten in der Real-
Encyklopädie [2] 5, S. 393. Man kann dazu die 12. Homilie des
Chrysostomus zum 1. Briefe an Timotheus vergleichen, Migne,
Patrologia Gr. 62, 557 ff. Chrysostomus nennt Manichäer, Enkra-
titen, Marcionisten.

fassers Gemelliten gab. Die Quelle, auf welche er sich
beruft, weiß davon nichts. Er beruft sich auf die Πράξεις
Πέτρου. In der Tat kommt in den actus Vercellenses [1]
ein Gemellus vor, der als ein Freund Simons bezeichnet
wird und auch gerade bei seinem unglücklichen Sturze
zugegen ist. Daß der Autor ihn einen echten Schüler
Simons [2] nennt, geht darauf zurück, daß er ja Simon als
den Vater der Häresie betrachtet. Aber es findet zwischen
den actus Vercellenses und unserm Fragment eine merkwürdige Verschiedenheit statt. Während jene berichten,
daß für Gemellus Simons Sturz der Anlaß geworden sei,
sich von ihm abzuwenden und sich an Petrus anzu-
schließen, sagt dieses von ihm, daß er Rom verlassen und
sich nach Kleinasien begeben habe, um dort seine Häresie
zu gründen. Als Begründung führt es an, daß er in Rom
keine Gelegenheit zu schädigen und zu täuschen gefunden
habe. Und dafür beruft es sich gerade auf die Petrusakten, mit den Worten: ὡς τὸ γράμμα μαρτυρεῖ. Daraus
wird man schließen müssen, daß die Petrusakten, auf
welche es Bezug nimmt, zwar im allgemeinen mit unseren
actus Vercellenses zusammenstimmten, aber ihnen doch
nicht völlig entsprochen haben können. Die Form, in
der die Petrusakten bei den Apotaktiten gelesen wurden,
besitzen wir also noch nicht. Wichtiger aber ist die Tat-
sache, die uns das Fragment berichtet, daß die Akten

[1] cap. 3 des griechischen Textes; LIPSIUS, p. 82.
[2] Vgl. den Ausdruck γν ΄οιος Χριστοῦ μαθητής in dem Schreiben
der Gemeinden von Lugdunum und Vienna; bei Euseb., hist. eccles.
V, 1, 10.

bei den Apotaktiten gelesen worden sind; es bringt damit eine wertvolle Ergänzung zu des Epiphanius' Angaben. Nach ihm stützen sich die Apotaktiker zumeist auf Andreas- und Thomasakten; die Enkratiten auf Andreas-, Johannes- und Thomasakten. Petrusakten werden nicht genannt. Man wird jetzt wohl die Frage aufwerfen dürfen, warum Epiphanius sie nicht erwähnt hat; sie werden ihm nicht in dem Grunde häretisch erschienen sein, als die anderen Akten, vorausgesetzt, daß er sie gekannt hat. Benutzt finde ich sie weder in seinen Angaben über Petrus noch über Simon. Weswegen diese apokryphe Literatur bei den Apotaktiten geschätzt wurde, ist nicht schwer einzusehen; ihre enkratitische Haltung erklärt es. Ob wir wegen dieser enkratitischen Haltung auf gnostischen Ursprung schließen müssen, lasse ich hier dahingestellt. Das ist bereitwillig zuzugeben, daß die für den gnostischen Charakter wenigstens der Petrusakten angeführten Stellen nicht hinreichend beweisend sind; ob wir aber wegen der auch in ihnen sich findenden negativen Stellung zur κτίσις nicht doch besser tun, sie als ein gnostisches Produkt gelten zu lassen, ist noch eine offene Frage. Wir brauchen auch nicht von dem Standpunkte aus zu urteilen, den die Schriftsteller der Reichskirche eingenommen haben. Der Standpunkt eines Irenäus z. B. müßte in erster Linie maßgebend sein. Aber wie mir scheint, ehe wir auf diese Frage eine genügende Antwort geben können, sind noch eine Reihe von Vorfragen zu erledigen. Einen kleinen Beitrag dazu soll auch das folgende bieten.

IV. Worte Simons.

Die letzten Worte, die Simon an die Römer richtet, ehe ihn der Autor den verhängnisvollen Flug tun läßt, scheinen mir besonders beachtenswert zu sein. Sie lauten[1]): Ἄνδρες Ῥωμαῖοι, νῦν δοκεῖτέ μου κατισχῦσαι τὸν Πέτρον ὡς δυνατώτερον καὶ μᾶλλον αὐτῷ προς-έχετε[2]); Ἠπάτησθε· αὔριον γὰρ ἐγὼ καταλιπὼν ὑμᾶς ἀθεοτάτους καὶ ἀσεβεστάτους, ἀναπτήξομαι πρὸς τὸν θεὸν, οὗ ἡ δύναμις ἐγώ εἰμι ἀσθενήσασα· εἰ οὖν ὑμεῖς πεπτώκατε, ἰδὲ ἐγώ εἰμι ὁ Ἑστώς· καὶ ἀνέρχομαι πρὸς τὸν πατέρα καὶ ἐρῶ αὐτῷ· Κἀμὲ τὸν Ἑστῶτα υἱόν σου κατακλῖναι ἠθέλησαν· ἀλλὰ μὴ συνθέμενος αὐτοῖς εἰς ἐμαυτὸν ἀνέδραμον. Der Autor leitet diese kleine Rede ein mit den Worten: ἐν τούτῳ τοῦτον (= Simon) πάντα εἰπεῖν αὐτοῖς (den Römern). Das πάντα ist schlechterdings rätselhaft. Es tilgen, wie Lipsius will, heißt den Knoten zerhauen. Es zu erklären ist unmöglich. Man könnte daran denken, die Rede Simons solle den Inbe-

---

[1]) cap. 2 des griechischen Textes; Lipsius, p. 80. 82.
[2]) Es ist wohl nicht ein Fragezeichen, sondern ein Punkt zu setzen.

griff seiner Lehre oder seines Wesens enthalten. Oder kann man πάντα εἰπεῖν auffassen als Abschied nehmen oder absagen? Der Autor faßt jedenfalls die Rede auf als die Ankündigung von Simons Flug über die Tempel und Berge der ewigen Stadt, zum Erweise seiner göttlichen Kraft; denn er läßt ihn zu Petrus direkt vor dem Fluge sagen: Ich gehe hinauf und will diesem ganzen Volke mich selbst zeigen, wer ich bin.[1]) Aber von der Absicht zu fliegen, steht doch nichts in Simons Worten. Die lateinische Übersetzung hat zwar ἀναπτήξομαι mit volabo wiedergegeben, und auch der Verfasser der Petrusakten muß es so verstanden haben; aber ἀναπτήξομαι leitet sich doch gar nicht her von ἀναπέτομαι, ich fliege hinauf; sondern von ἀναπτήσσομαι, und hängt mit πτήσσω zusammen (= sich niederducken). Wir können Simons Worte ἀναπτήξομαι πρὸς τὸν θεόν wiedergeben mit: ich werde mich droben niederducken bei Gott. In diesen Worten und in den folgenden: ἀνέρχομαι πρὸς τὸν πατέρα liegt doch nichts anderes als in den Worten Jesu: πορεύομαι πρὸς τὸν πατέρα Joh. 14, 12. 28. 16, 28. Streng genommen kann man ihnen auch nicht entnehmen, daß Simon davon rede, die Welt zu verlassen, d. h. zu sterben. Nimmt man sie zusammen mit den anderen Worten: dessen Kraft ich bin, wenn auch schwach geworden, so können sie auch andeuten wollen, daß Simon sich frische Kraft bei Gott holen wolle, um sich doch noch mächtiger zeigen zu können als Petrus. Das

---

[1]) cap. 3 des griechischen Textes; LIPSIUS, p. 82.

ἀνέρχομαι ist natürlich, wie das *πορεύομαι* des Johannes-
evangeliums geistig zu verstehen. Man spürt aber schon
den Ausdrücken an, wie nahe es lag, sie konkret zu
deuten.

Weiter scheint mir die Anwendung der Bezeichnung
ἑστώς beachtenswert. Man könnte auf den Gedanken
kommen, der zweimalige Gebrauch des Wortes sei als
spätere Eintragung zu erklären. Denn der Verfasser
der Petrusakten macht von diesem Prädikate Simons
keinen Gebrauch. Er nennt Simon einmal: instabile
daemonium [1]; dieser Ausdruck könnte im Gegensatz zu *ἑστώς* = stans gewählt sein. An einer
anderen Stelle redet er von constans deus.[2] Die
Hauptsache ist ihm aber dieser Ausdruck nicht,
sondern die der Apostelgeschichte (8, 10) entlehnte
Bezeichnung Simons als magna virtus dei. Auch in der
lateinischen Übersetzung fehlt der Ausdruck. Darauf
wird freilich kein Gewicht zu legen sein; denn der
Übersetzer hat an mehr als einer Stelle einen anderen
Sinn in Simons Worte gebracht. Aus den Worten: ich
werde mich oben niederducken bei Gott, dessen Kraft
ich bin, wenn auch schwach geworden; wenn ihr nun
gefallen seid, so bin ich doch der Stehende, macht der
Lateiner: ich werde fliegen zu Gott, dessen Kraft ich
kennen gelernt habe, weil ihr mich zu Falle gebracht
habt. Es ist schwer, hier nicht anzunehmen, daß der

---

[1] cap. 17; LIPSIUS, p. 64.
[2] cap. 21; LIPSIUS, p. 69.

Übersetzer in kirchlichem Interesse gemodelt hat. Wenn
Simon sich Gottes Sohn nennt, so will der Lateiner
offenbar nichts davon wissen; denn er spricht von dem
Vater Aller, zu dem Simon geht und nicht, wie es der
Zusammenhang des griechischen Textes an die Hand
gibt, von Simons Vater. Im griechischen Text ist der
Ausdruck ἑστώς in organische Verbindung gebracht mit
den anderen Worten; er steht im Gegensatz zu den von
Simon resp. von dem von Simon verkündeten Gott abgefallenen Römern. Diesen Gefallenen gegenüber bezeichnet
er sich als den Treugebliebenen, den Beständigen und
kann sich darum, da er Gott Vater nennt, auch seinen
treugebliebenen Sohn nennen. Die Römer hätten ihn
zwar auch zu Falle bringen wollen, d. h. von seinem Gott
abspenstig machen wollen; aber er habe sich (weiter) mit
ihnen nicht eingelassen, sondern sei zu sich selbst zurückgekehrt, d. h. habe sich auf sich selbst zurückgezogen.
Der Ausdruck εἰς ἐμαυτὸν ἀνέδραμον ist zwar schwierig;
läßt sich aber in der angegebenen Weise erklären und
also halten.

Faßt man die Worte Simons so und hält die Märchen,
die Spätere hineingetragen haben, fern, so sind sie durchaus verständig. Sie haben weder etwas Phantastisches
noch etwas Ungewöhnliches für einen, der seine Arbeit
vernichtet und seine Anhänger sich einem anderen zu-
wenden sieht. Kann der Verfasser der Petrusakten sie
sich ersonnen haben? Ich denke, nein. Es ist schlechterdings undenkbar, daß er den Ausdruck ἀναπτήσεσθαι
in eine Rede eingesetzt haben soll, die nach seiner Öko-

nomie Simons Flug ankündigt. Hat er den Ausdruck
ἑστώς als Prädikat Simons gekannt, so ist es nach seiner
ganzen Art schlechterdings undenkbar, daß er ihm einen
ganz unverfänglichen Sinn gibt, eine echt religiöse Deutung
ihm unterlegt. Dagegen konnte eine Phantasie, die wie
die des Verfassers jedes Bild konkret auszudeuten ge-
wohnt war [1]), aus den Worten Simons sich die Geschichte
von seinem Flug und auch die für diesen technische Bedeutung des ῾Εστώς zusammenreimen. Ist diese Beobachtung richtig, so folgt daraus, daß der Verfasser ihm
nicht gehöriges Material in seine Petrusakten eingearbeitet
hat. Dann ist es nötig, auch andere Stücke daraufhin
zu untersuchen, ob sie nicht älter sind, als die uns vorliegenden Akten. Ich denke zunächst an die Kreuzgebete, dann aber auch an die Geschichte von der
Eubula [2]), die schon der Art ihrer Einfügung nach sich
wie ein eingesprengtes Stück ausnimmt. Diese Untersuchung soll hier nicht unternommen werden, da sich
erst herausstellen soll, ob sich die gemachten Beobachtungen
bestätigen.

Ist es zu kühn, zu vermuten, daß wir es hier mit
„echten" Worten Simons zu tun haben, mögen sie in
dieser Fassung nun auf ihn selber, oder auf seine Schule
zurückgehen? Wäre das richtig, so ständen wir hier an
der Quelle eines großen Teiles der Simonsage, und
könnten ihre allmähliche Bildung beobachten. Die Sage
von Simons Flug entpuppt sich als die Ausdeutung eines

[1]) Siehe dafür die Beispiele im ersten Kapitel.
[2]) cap. 17; LIPSIUS, p. 62—65.

nicht verstandenen Wortes. Daß diese Ausdeutung leicht erfolgen konnte, wird man nicht nur aus den Worten selbst ersehen können. Auch folgendes macht sie erklärlich. Sobald man Simon und Christus in Parallele zu setzen gelernt hatte, mußte sich das Bestreben herausstellen, Simon in seinen Taten Christus ähnlich erscheinen zu lassen. So mußte auch die Himmelfahrt Christi eine Parallele haben; aber Simons Himmelfahrt mußte natürlich schlimm enden, weil er sich, wenn sie geglückt wäre, als Gott erwiesen hätte. Daß der Autor Simon als den Antichrist darstellt, haben wir oben gesehen; das ist gerade ein Grund gewesen, ihn Taten unternehmen zu lassen, wie sie Christus vollbracht hatte. Fast noch deutlicher sehen wir diese Parallelisierung bei Hippolyt. Er erzählt von Simon, daß er nach Rom gekommen sei und dort den Aposteln entgegengearbeitet hätte: ihm, der durch seine Zaubereien viele getäuscht, habe Petrus widerstanden. Zuletzt[1]) habe er unter einer Platane gesessen und gelehrt. Dann spielt er, nahe daran, „überführt zu werden", seinen letzten Trumpf aus; er sagt, wenn er lebendig begraben würde, werde er am dritten Tage auferstehen.

---

[1]) HIPPOLYT, Philosophumena VI, 20. edd. DUNCKER & SCHNEIDEWIN, p. 258. Dort steht ἐπὶ τέλει ἐλθὼν ἐν τ . . . τῃ. Wenn nicht eine unerträgliche Tautologie entstände, würde ich am liebsten ergänzen ἐν τελευτῇ. HILGENFELD, Ketzergeschichte des Urchristentums, p. 182 ergänzt: ἐν τῇ Γίττῃ. Aber davon, daſs Simon am Ende seines Lebens nach seinem Heimatsort Gitta (Justin, I. Apologie, 26) zurückgekehrt sei, wissen wir nichts. (Man könnte auch ergänzen ἐν τῇ ἥττῃ, entsprechend dem ἐν τῇ συμφορᾷ γενόμενος der Petrusakten; cap. 3 des griechischen Textes; LIPSIUS, p. 84.)

Er wird begraben, aber „ἀπέμεινεν ἕως νῦν." Sehr be-
zeichnend fügt Hippolyt hinzu: οὐ γὰρ ἦν ὁ Χριστός.
Mir scheint es unmöglich, daß Hippolyt sich so über
Simons Ende ausgesprochen haben würde, wenn er den
Bericht der Petrusakten irgendwie gekannt hätte. Ich
kann C. Schmidt nicht recht geben, wenn er urteilt:
„echt römisch ist die Legende, Simon habe in Rom d e n
A p o s t e l n, d. h. doch Petrus und Paulus, widerstanden.
Und doch schimmert noch die dieser Erzählung zu
Grunde liegende Quelle durch, wenn Petrus allein als
Widersacher und Besieger erscheint, und an die Geschichte
Act. 8, 9 ff. unmittelbar das Auftreten des Simon in Rom
angeknüpft wird. Die Nachricht des Hippolyt hat also
bereits diese Darstellung der Petrusakten zur Voraus-
setzung." [1) Das wäre vielleicht beweiskräftig, wenn wir
annehmen dürften, daß der Verfasser der Petrusakten der
erste wäre, der Petrus Simons wegen nach Rom kommen
ließ. Wie mir scheint, ist Hippolyts Erzählung auch
ein Argument gegen römische Abfassung der Akten;
Hippolyt bietet, wir können es doch nicht anders annehmen, die römischen Phantasiegebilde, und diese sind
ganz anders, als die des Verfassers der Akten.

Für unsere Zwecke ist es nur wichtig zu erkennen,
daß die Parallelisierung mit Christus ein Wort Simons
zur Geschichte von seinem Fluge ausdeuten ließ. Noch
ein anderes mag hinzugekommen sein. Das zweite Jahrhundert muß das Problem des Fliegens von Menschen

---

1) a. a. O., S. 104.

lebhaft erwogen haben. In der Litteratur findet sich eine
Reihe von Angaben. Celsus schreibt[1]): Keiner hält den
Hyperboreeer Abaris für einen Gott, der solche Macht
hatte, daß er auf einem Pfeile (durch die Luft) getragen
wurde. Lucian spricht von Triptolemos, der auf ge-
flügelten Drachen durch die Luft fährt[2]); oder von einem
Manne, der sich rechts einen Adler-, links einen Geier-
flügel anbindet und damit bis zur Versammlung der
Götter fliegt.[3]) Timolaus wünscht sich im Πλοῖον einen
Ring, vermittelst dessen er in beliebiger Höhe über die
Erde fliegen könnte.[4]) Lucian hätte gewiß nicht seinen
Spott mit solchen Sachen, wenn er nicht ein zu seiner
Zeit viel verhandeltes Problem damit angriffe. Wer Simon
lächerlich machen wollte, konnte nichts besseres von ihm
aussagen, als daß er verheißen hätte, fliegen zu können.

Wie sich die dichtende Phantasie weiter des dank-
baren Gegenstandes bemächtigt hat, braucht hier nicht
dargestellt zu werden. Die Grundlage dafür haben direkt
oder indirekt die Petrusakten geliefert. Auch die Erzählung der syrischen Didascalia[5]) ist weiter nichts als
eine Ausschmückung; nur daß sie erkennen läßt, daß es
zur Zeit ihrer Abfassung noch Simonianer gibt.

---

[1]) Origenes, contra Celsum, III, 31.
[2]) Philopseudes, cap. 3; ed. SOMMERBRODT, III, p. 87.
[3]) Ikaromenippus; ed. SOMMERBRODT, II. 2, p. 142 ff.
[4]) πλοῖον ἢ εὐχαί, cap. 42; ed. SOMMERBRODT, III, p. 190.
[5]) Bei BUNSEN, Analecta Ante-Nicaena II, p. 325 f.; Didas-
caliae Apostolorum Fragmenta Veronensia Latina, ed. E. HAULER,
p. 67. Hier ist freilich die spezifisch römische Anschauung schon
erreicht, dafs Simon Petri Spuren nach Rom folgt.

In ähnlicher Weise konnte auch der Ausdruck ἑστώς gedeutet werden; wie wir oben sahen, hatte er einen ganz unverfänglichen Sinn. Im technischen Sinne, d. h. zur Bezeichnung von Simons Gottheit, finden wir ihn wohl erst bei Hippolyt angewendet. Dieser identifiziert Simon mit dem göttlichen Wesen, das die Ἀπόφασις μεγάλη ὁ ἑστώς, στάς, στησόμενος genannt hat [1]), und sagt, daß der so bezeichnete Simon nicht Christus war. Die Ἀπόφασις war nach Hippolyt eine in den Kreisen der Simonianer gebrauchte Schrift; er teilt Bruchstücke aus ihr mit. In ihr werden öfter die Ausdrücke ὁ ἑστώς, στάς, στησόμενος gebraucht, und auch von der δύναμις (ἀπέραντος) ist oft die Rede. Aber es wird doch in ihr nirgends deutlich gesagt, daß Simon sich so bezeichnet habe, oder daß er von seinen Anhängern so bezeichnet worden sei, um sein göttliches Wesen anzudeuten. So viel Justin und Irenaeus von Simons Selbstvergötterung zu reden wissen, so haben sie doch von der Bezeichnung ἑστώς noch keinen Gebrauch gemacht. Auch Tertullian kennt sie nicht. [2]) In den pseudo-clementinischen Rekognitionen dagegen nennt sich Simon selbst quendam Stantem (I, 72; Migne Patrologia Graeca 1, 1246 C; vgl. II, 7. 11. Migne 1251 C und 1253 C; vgl. Homilien II, 22, Migne 2, 89 C; und 24, Migne 2, 92 D. 93 A,) und filius dei stans in aeternum (III, 47, Migne 1, 1303 B). In den Homilien spricht Petrus 18, 14, Migne

---

[1]) Philosophumena VI, 9, edd. DUNCKER & SCHNEIDEWIN, p. 236.
[2]) Vgl. die Stellen in HILGENFELDs Ketzergeschichte des Urchristentums, p. 23 f. 170 f.

2, 416 B von Έστώς; 18, 12, Migne 2, 413 A ist
έστώς mit στησόμενος zusammengestellt, aber nicht in
der Weise Hippolyts; 18, 6. 7 sagt Petrus, Simon wäre
nicht der stehende Sohn: Migne 2, 409 B: Σὺ δὲ οὐκ εἶ
ὁ έστὼς Ὑίὸς; 409 C: ἵνα ... μὴ ... ἐλεγχϑῇς μὴ ὢν
σὺ ὁ έστὼς Ὑίός. Hier ist wohl auf den Ausdruck der
Petrusakten Bezug genommen, aber die technische Bezeichnung nahezu erreicht. Nahm man die Vorstellung
hinzu, daß Simon sich als Gott ausgegeben hätte, so
brauchte es keiner großen Verdrehung mehr, um, wie
Hippolyt es getan hat, Simon mit dem έστώς, στάς,
στησόμενος der ἀπόφασις μεγάλη zu identifizieren. Es
scheint auch, als ob έστώς von Simon als Prädikat seines
Gottes angewendet worden wäre. Dies blickt vielleicht
noch in den Worten des Clemens Alexandrinus durch,
wenn er sagt Stromata II, 11 [1]): οἱ δὲ ἀμφὶ τὸν Σίμωνα
τῷ Έστῶτι, ὃν σέβουσιν ἐξομοιοῦσϑαι τρόπον βού-
λονται: die Anhänger Simons wollen dem Έστώς, den
sie verehren, ihre Lebensweise verähnlichen. Es scheint
mir nicht zunächst in diesen Worten zu liegen, daß
Clemens έστώς als Selbstbezeichnung Simons auffaßte.
Er bringt auch sonst den Ausdruck mit der Gottheit in
Verbindung [2]), wie das auch Philo und Plato getan haben.
Aber auch Irenaeus scheint es nicht anders zu wissen,
als daß Simon seinen Gott als έστώς bezeichnet hat,
wenn er schreibt: Constante igitur hoc deo ... ille sine

---

[1]) MIGNE, Patrologia Graeca 8, 988 C. 989 A.
[2]) Vgl. die Migne 8, 988, 989 abgedruckten Anmerkungen.

dubio, qui secundum eos adinvenitur Pater, inconstans et sine teste est, Simone mago primo dicente, semetipsum esse super omnia Deum.[1]) Hält man dies im Auge, so war die Zusammenstellung ἑστώς, στάς, στησόμενος leicht erreicht, wenn man mit ἑστώς etwa Exod. 3, 14 kombinierte (vergl. die Erklärung des Ἰαού bei Clemens Alexandr. Strom. V, 6, Migne, Patrologia Graeca 9, 60 A: λέγεται δὲ Ἰαού, ὃ μεθερμηνεύεται ὁ ὢν καὶ ὁ ἐσόμενος), oder auch Worte wie Offenbarung Joh. 1, 4. 8. Lag nun noch das Bestreben vor, Simon mit Christus zu parallelisieren, so konnte aus der Bezeichnung „der stehende Sohn Gottes" leicht herausgelesen werden, Simon habe sich selbst so bezeichnet, um seine Gottheit anzudeuten. Daß er Gott seinen Vater und sich seinen Sohn nennt, hat gar nichts Auffälliges. Auch die Marcosier gebrauchen (freilich in einem etwas anderen Sinne) diese Ausdrücke: ἐγὼ υἱὸς ἀπὸ πατρός, Πατρὸς προόντος, υἱὸς δὲ ἐν τῷ παρόντι.[2]) Je mehr Christliches sich in seinen Anschauungen befand, um so mehr erklärt sich der erbitterte Kampf der christlichen Theologen gegen ihn. Aber wollten wir über die religiöse Bedeutung Simons zu gesicherten Resultaten gelangen, so müßte die ganze Simonsage aufgerollt werden.

Noch eine andere Bemerkung drängt sich uns hier auf: Wie wir oben bemerkten, erscheint Simon als Bekämpfer der Gottheit Christi, Petrus als ihr Verteidiger.

---

[1]) adversus haereses II, 9, 2 (Migne, 7, 734 A).
[2]) Irenaeus, adv. haereses I, 21, 5, Migne 7, 668 A.

Dürften wir hierin den Schlüssel zum Verständnis der
Petrusakten erblicken, so träte an uns die Notwendigkeit
heran, zu untersuchen, ob sie nicht Licht empfingen von der
Geschichte jenes Häretikers, den das kleine Labyrinth τὸν
ἀρχηγὸν καὶ πατέρα ταύτης τῆς ἀρνησιθέου ἀποστασίας
nennt, der Christus zuerst als ψιλὸς ἄνθρωπος bezeichnet
hatte und deswegen von Bischof Viktor aus der römischen
Gemeinde ausgeschlossen wurde.[1]) Von Theodot, dem
Lederarbeiter, berichtet Epiphanius[2]) nach Hippolyts
Syntagma, daß er aus Byzanz stammte, in der Verfolgung
verleugnet habe und dann nach Rom (ca. 190) gekommen
sei. In Rom sei er aber erkannt worden und hätte sich
von der Schmach seiner Verleugnung dadurch zu recht-
fertigen gesucht, daß er gesagt hätte, er habe ja gar nicht
Gott, sondern einen Menschen verleugnet. Zu der Art,
wie die Petrusakten Simon schildern, finden sich hier gewiß sehr merkwürdige Parallelen, und wenn man Epiphanius' Bericht über Theodot mit den Pseudo-Clemen-
tinen vergleicht, so bemerkt man mehr als eine über-
raschende Ähnlichkeit. Auch das würde seine Erklärung
empfangen, warum in unseren Akten gerade Petrus nach
Rom geführt wird, um Simon zu bekämpfen. Es ist
in ihnen ganz deutlich gesagt, daß die Veranlassung für
Petrus, nach Rom zu gehen, erst Simons dortige Tätigkeit ist. Christus sagt im Gesichte zu Petrus: Simon ist
euch wiederum zuvorgekommen, und zwar in Rom.[3])

---

[1]) Euseb, hist. eccles. V, 28, 6.
[2]) haer. 54; ÖHLER, I b, 120 ff.
[3]) cap. 5; LIPSIUS, p. 49.

Und Petrus wurde von dem Verfasser gewählt — das ergibt die Ökonomie der Akten — wegen seines Bekenntnisses zur Gottheit Christi (Matth. 16). Wir haben nicht den geringsten Grund, anzunehmen, daß der Verfasser von einem Aufenthalte des Petrus in Rom irgend welche Kunde hatte. Mochte er aus Justins Apologie entnehmen, daß Simon nach Rom gekommen sei[1]), für Petri Aufenthalt in Rom stand ihm eine derartige Angabe nicht zur Verfügung. Aber seine dogmatische Anschauung verlangte diese Kombination. Versucht man die Akten aus dem Geist der Zeit heraus zu erklären, in der sie geschrieben sind, so wird man zu solchen Erwägungen geführt; es ist nicht meine Absicht, sie weiter zu verfolgen.

---

[1]) So C. SCHMIDT, a. a. O., S. 89.

Nachtrag zu S. 91: Ein klassisches Zeugnis für die Anschauung der Apotaktiten findet sich in den Acta Petri et Andreae, cap. 13 (Acta apostolorum apocrypha, ed. BONNET, II, 1, S. 123). Dort fragt Onesiphorus die Apostel, ob er auch ein Zeichen tun könne, wie die Apostel, wenn er an ihren Gott glaube. Andreas antwortet ihm: Ἐὰν ἀποτάξῃ πάντων τῶν ὑπαρχόντων σου καὶ τῆς γυναικός σου καὶ τῶν τέκνων σου ὡς καὶ ἡμεῖς (die Apostel) ἀπεταξάμεϑα, τότε καὶ σὺ ποιήσεις σημεῖα.

Lippert & Co. (G. Pätz'sche Buchdr.), Naumburg a/S.

CPSIA information can be obtained at www.ICGtesting.com
Printed in the USA
LVOW13*0242050614

388721LV00005B/44/P

9 781168 500687